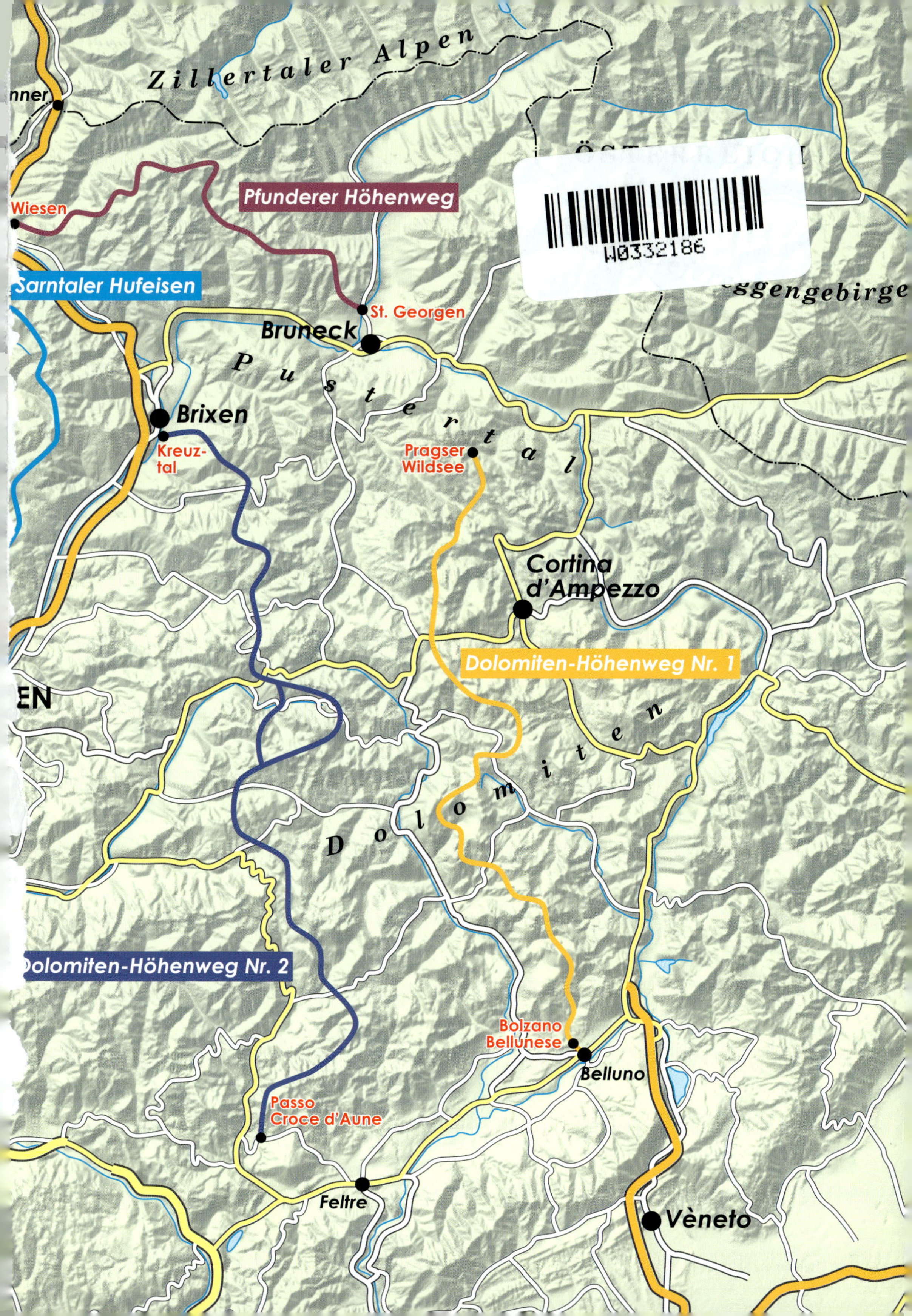
Zillertaler Alpen
Wiesen
Pfunderer Höhenweg
Sarntaler Hufeisen
St. Georgen
Bruneck
Pustertal
Brixen
Kreuz-
tal
Pragser
Wildsee
Cortina
d'Ampezzo
Dolomiten-Höhenweg Nr. 1
Dolomiten
Dolomiten-Höhenweg Nr. 2
Bolzano
Bellunese
Belluno
Passo
Croce d'Aune
Feltre
Vèneto

Südtiroler Weitwanderwege

Die Tiefrastenhütte am Pfunderer Höhenweg

Benutzerhinweis

Alle Angaben in diesem Wanderführer wurden vom Autor sorgfältig recherchiert. Sollten Sie bei Ihren Wanderungen dennoch Unstimmigkeiten bemerken, nimmt der Verlag Ihre Hinweise gerne entgegen (buchverlag@athesia.it). Die Benutzung dieses Wanderführers erfolgt auf eigenes Risiko. Eine Haftung für etwaige Unfälle und Schäden wird weder vom Autor noch vom Verlag übernommen.

BIBLIOGRAFISCHE INFORMATION DER DEUTSCHEN NATIONALBIBLIOTHEK
Die Deutsche Nationalbibliothek verzeichnet diese Publikation in der Deutschen Nationalbibliografie; detaillierte bibliografische Daten sind im Internet abrufbar: http://dnb.d-nb.de

2012

Fotos: Mark Zahel, Freden
Produktion: MK-MediaSolutions GmbH, München
Design & Layout: Dr. Alex Klubertanz, München
Druck: Athesia Druck, Bozen

ISBN 978-88-8266-835-8

www.athesiabuch.it
buchverlag@athesia.it

Mark Zahel

Südtiroler Weitwanderwege

Von Hütte zu Hütte

VERLAGSANSTALT ATHESIA | BOZEN

Bei den Kalten Wiesen am Vinschger Höhenweg; im Hintergrund die Dreitausender des Matscher Tals

Die 13-Hütten-Tour

Der E5 in Südtirol

Die Meraner Hütte wird sowohl auf dem E5 als auch auf dem Sarntaler Hufeisen besucht.

Der Pfunderer Höhenweg führt über weite Strecken durch einsame Berglandschaften.

Sarntaler Hufeisen

Pfunderer Höhenweg

Sonnenaufgang bei der Pisciadùhütte

Der Passensee vor der Kulisse des Zillertaler Hauptkamms

Vorwort

Urwüchsige Landschaft bei Forra, hoch am Vinschger Sonnenberg

Wer eine Landschaft wirklich kennenlernen möchte, muss sich zu Fuß auf den Weg machen, seine Sinne schärfen und die gewählte Gegend mit gebührender Langsamkeit erwandern, Schritt um Schritt. Auf Tage oder gar Wochen ausgedehnt, löst dies ein unvergleichliches »Feeling« in uns aus, bei dem sich die physischen Herausforderungen mit tiefgreifenden Eindrücken für Gemüt und Seele verbinden. Immer wieder schauen wir herrliche Panoramen und entdecken unscheinbare, verborgene Details, bauen nach und nach eine Verbundenheit zu unserem Landstrich auf und stärken nicht zuletzt auch die Sensibilität für die Natur im Allgemeinen.

Dieses Weitwandern – modern auch gern mit dem Begriff »Trekking« umschrieben – ist für viele ein Gegenpol zu einem stressreichen Berufsalltag, manchem mag es in gewisser Weise sogar eine Lebensphilosophie widerspiegeln. Wir schultern den Rucksack und brechen auf mit einem »Weg als Ziel«, was als Motto gleichsam über dem Inhalt dieses Buches stehen kann.

Einladung zum Alpen-Trekking

Südtirol – und das klingt jetzt nicht überraschend – ist ein wahres Paradies für Weitwanderer. Das vielgestaltige, oft hochalpine Relief übt eine nie zu brechende Faszination aus: schneebedeckte Gipfel und felsige Zacken, rauschende Bäche und verträumte Seen, saftig-grüne Wiesen und malerische Dörfer – man bewegt sich allenthalben wie durch ein Bilderbuch und ist vom Liebreiz und von der Harmonie der Szenerien stets aufs Neue tief berührt. Davon abgesehen garantiert eine gut ausgebaute Infrastruktur in Form von markierten Routen und Übernachtungsmöglichkeiten die problemlose Verwirklichung solcher Wanderträume.

Teilhaben kann daran eigentlich jeder, der bloß eine gute Portion Marschfreude mitbringt sowie die Bereitschaft, sich auf diese Art von »Aktivurlaub« einzulassen. Denn schwierig muss eine solche Tour auch im Hochgebirge nicht unbedingt sein.

Im Prinzip gibt das Südtiroler Wegenetz allerhand her, individuelle Touren nach Gusto zu basteln. Die Erfahrung zeigt freilich, dass die meisten Wanderfreunde mit Vorliebe auf bewährte Klassiker respektive »offizielle« Routenverläufe zurückgreifen. Dieser Praxis trägt der vorliegende Band Rechnung. Dabei gelingt es, im Rahmen von acht ausgewählten »Treks«, ein ausführliches und facettenreiches Bild ganz Südtirols zu zeichnen.

Acht große Touren

Erstmals überhaupt in Buchform vorgestellt wird der neue Vinschger Höhenweg. Sein Pendant in der Texelgruppe, der Meraner Höhenweg, hat es binnen der vergangenen 25 Jahre geschafft, zu einem absoluten Knüller zu avancieren. Die hohe Route vom Brenner nach Meran ist vom bergsteigerischen Anspruch her gewiss die »Königstour« in diesem Band. Vom Ultra-Weitwanderweg des E5 greifen wir hier die kompletten Südtiroler Etappen heraus, bereichert durch eine pfiffige individuelle Note. Die Sarntaler Hufeisentour sowie der Pfunderer Höhenweg gelten noch ein wenig als Geheimtipps, einmal leichter, einmal anspruchsvoller. Und schließlich werden die beiden bedeutendsten großen Dolomiten-Höhenwege vorgestellt, die von Nord nach Süd verlaufend ein gutes Stück über Südtirol hinausreichen, aber natürlich auch dort tolle Impressionen versprechen.

Verteilt auf diese acht sehr verschiedenartigen Routen sind es in Summe rund 60 Tagesetappen, die eingehend charakterisiert, beschrieben und mit vielen herrlichen Aufnahmen illustriert werden. Damit ist das Buch gleichermaßen Lustmacher wie konkretes Planungsinstrument und für Südtirol thematisch bisher ohne Vergleichsstück.

Bleibt mir, Ihnen viel Lesespaß und unvergessliche Tage auf den schönsten Weitwanderwegen in Südtirol zu wünschen, und stets eine glückliche Heimkehr.

Mark Zahel

Die »Trans-Civetta« ist ein Glanzpunkt auf dem Dolomiten-Höhenweg Nr. 1.

Einleitung

Bergunterkünfte wie die Lodnerhütte bilden die Basis eines alpinen Trekkings.

Grundsätzliches zum Weitwandern

Beim eigentlichen Unterwegssein gestaltet sich zweifellos vieles ähnlich, allein die Länge einer Weitwanderroute im Vergleich zu normalen Tagestouren birgt jedoch einige Besonderheiten. Bereits im Vorfeld macht dies eine vertiefte Auseinandersetzung und entsprechende Organisation notwendig. Man muss viel ausgiebiger in die Planung und Vorbereitung eintreten, Kartenmaterial und Literatur wie diese studieren, gegebenenfalls auch seinen Trainingsstand etwas auf Vordermann bringen. Vor allem Durchhaltevermögen und damit letztendlich der konditionelle Anspruch wird für Neulinge oft in ungeahnter Weise gefordert. Es ist eben ein Unterschied, ob sich eine körperliche Anstrengung auf eine einmalige Tagesleistung bezieht oder sich solch ein Pensum viele Male hintereinander wiederholt. Auch wird das Rucksackgewicht normalerweise spürbar höher sein. Trefflich diskutieren ließe sich über die Frage, ob man eine Weitwanderung straff durchorganisieren sollte. Meistens wird ja angeraten, die Quartiere vorher zu reservieren, was dieser Strategie quasi entspricht. Zu Zeiten, wenn Vollbelegungen zu erwarten sind, erscheint dies auch sehr sinnvoll, denn spontane Ausweichmöglichkeiten sind nicht immer vorhanden. Andererseits birgt ein allzu starrer Plan die Gefahr, irgendwann über den Haufen geworfen zu werden, sei es aufgrund von Wetterkapriolen oder persönlichen Bedürfnissen. Notlösungen können in jedem Fall schnell zu Verdruss führen. Kein Vorteil also ohne Nachteil, weshalb auf eine

In den Südlichen Dolomiten geht es besonders ursprünglich zu: Wanderer an der Forcella La Varéta.

Etappenziel: In Kürze ist das Rifugio Mulàz erreicht.

grundsätzliche Empfehlung hier bewusst verzichtet wird. Die Entscheidung muss jeder selbst unter Einbeziehung wichtiger Faktoren (wie allgemeine Quartiersituation, saisonbedingtes Besucheraufkommen, eigene Gruppengröße, Flexibilitätsbedarf usw.) treffen.

Übernachtungen sind also ein integraler Bestandteil jeder Weitwanderung und vielleicht der augenfälligste Unterschied zu den Tagesunternehmungen. Je nach Tour schläft man in echten Berghütten (die oft dem Alpenverein gehören, mitunter aber auch privat geführt sind), in Gasthäusern bzw. Hotels oder mitunter auch auf Bauernhöfen, die sich auf Fremdenverkehr eingerichtet haben. Dieses Modell besitzt beispielsweise am Meraner Höhenweg große Bedeutung. Eine vorherige Erkundigung ist auf jeden Fall anzuraten.

Individuelle Voraussetzungen

Bei den vorgestellten Touren handelt es sich um mehrtägige Bergwanderungen (wobei die Betonung je nach Perspektive sowohl auf »Berg« als auch auf »Wanderung« liegen darf). Nennenswerte alpine Anforderungen stellen in erster Linie die 13-Hütten-Tour durch die Ötztaler und Stubaier Alpen, abschnittsweise auch der Pfunderer Höhenweg und die beiden Dolomiten-Höhenwege. Alles andere fällt streng genommen in die Kategorie »unschwierig«, wobei aber auch hier noch Differenzierungen vorgenommen werden können. So ist auf manch schmalem Bergpfad zumindest grundlegende Trittsicherheit vorteilhaft, während dieses Thema anderswo wirklich keinerlei Relevanz besitzt.

Auf die konkreten bergspezifischen Anforderungen bezüglich alpiner Erfahrung, Tritt-

Bildstock am Passenjoch (Pfunderer Berge)

sicherheit, Schwindelfreiheit und Orientierungsvermögen wird jeweils bei den Touren dezidiert eingegangen. Gesondert betrachtet wird der konditionelle Anspruch, der auch bei einer technisch leichten Tour hoch sein kann – in der Praxis ein nicht selten unterschätzter Faktor! Man vergegenwärtige sich also die angeführten Gehzeiten, Höhenmeter und Strecken, die bestmöglich Auskunft über die erforderliche Ausdauer geben. Eines lässt sich jedenfalls ohne Zweifel konstatieren: Sämtliche Touren sind keine Spaziergänge, verlangen stets eine solide Marschtüchtigkeit und lassen sich umso mehr genießen, je besser es um die persönliche Fitness bestellt ist.

Ausrüstung und Proviant

Zumal der überwiegende Teil der Aspiranten schon grundlegende Erfahrungen im Bergwandern gesammelt haben dürfte, wird an dieser Stelle auf eine ausführliche »Checkliste« verzichtet. Die Bedeutung geeigneten Schuhwerks, unterschiedlichen Wetterbedingungen angepasster Kleidung usw. wird also als bekannt vorausgesetzt. Was für eine übliche Tagestour notwendig ist, muss man natürlich auch auf einem Mehrtagestrek dabeihaben. Hinzu kommt jenes Equipment, das im Rahmen der Übernachtungen wichtig ist, also beispielsweise Pflegeutensilien, zusätzliche Wechselwäsche, eventuell auch ein leichter Hüttenschlafsack, dessen Verwendung auf Berghütten üblicherweise verlangt wird. Zusätzliche Alpinausrüstung, etwa für Gletscher oder Klettersteige, wird im seltenen Bedarfsfall explizit erwähnt.

Der Proviant sollte besonders sorgfältig abgestimmt werden, da er mächtig ins Ge-

Ausgesetzte Routen wie der Pflerscher Höhenweg bleiben erfahrenen Bergwanderern vorbehalten.

wicht gehen kann. Art und Umfang hängen in erster Linie davon ab, ob es zwischen den einzelnen Etappenzielen Gelegenheit zur Einkehr gibt und gegebenenfalls sogar einmal in einem Dorfladen eingekauft werden kann. In diesen Punkten unterscheiden sich zum Beispiel ein E5 und ein Pfunderer Höhenweg ganz gehörig.

In jedem Fall sollte man sich nicht wie einen Maulesel bepacken, weil darunter das Wohlbefinden erheblich zu leiden droht und die Leistungsfähigkeit gehemmt wird. Vielmehr gilt der Grundsatz: So viel wie nötig, aber so wenig wie möglich! Unter diesem Gesichtspunkt unterziehe man am besten seine gesamte Ausrüstung einer kritischen Prüfung.

Wetter und Gefahren

Als »Open-Air-Akteure« stehen wir Wanderer ständig unter dem Einfluss des Wetters, und zwar in einer Art und Weise, wie es der Durchschnittsmensch von heute nur noch selten gewohnt ist. Glücklicherweise darf gesagt werden, dass man in Südtirol – zumindest im Vergleich zu vielen anderen Alpengegenden – diesbezüglich eher begünstigt lebt. Weniger Niederschläge und höhere Sonnenanteile prägen hier den Wettercharakter: ein Segen für alle Outdoorfreunde. Allerdings dürfen die besonderen Eigenheiten – um nicht zu sagen Härten – des Bergwetters nicht außer Acht gelassen werden, ebenso wie die Tatsache, dass vom allgemeinen Mittel niemals auf den Einzelfall zu schließen ist. Kurzum: Dem Einholen der mittelfristigen Prognose sowie der fortwährenden Beobachtung des aktuellen Wetters kommen größte Bedeutung zu!

In einen gewissen Zwiespalt gerät man, wenn der Urlaub festgelegt, die Übernach-

Infos vom Landeswetterdienst

Internet: www.provinz.bz.it/wetter/home.asp (mit weiteren Klicks erhält man Detailinformationen auch für mehrere Tage)
Radio: RAI Sender Bozen bietet ausführliche Wetterberichte im Anschluss an die Nachrichten um 7.15, 13.00 und 15.30 Uhr, sonst in Kurzform.

Das Eisjöchl markiert den höchsten Punkt am Meraner Höhenweg.

tungen gebucht sind und dann das Wetter nicht mitspielt. Kompromisse können bis zu einem gewissen verantwortungsvollen Grad sicher eingegangen werden; bei wirklich schlechten Bedingungen ist der Verzicht aber die einzig sinnvolle Lösung, schon aus Sicherheitsgründen.
Denn in einem Atemzug sind einige der Hauptgefahrenquellen beim Bergwandern zu nennen: Gewitter entstehen bevorzugt in den Sommermonaten und jeweils in der zweiten Tageshälfte, können aber auch tageszeitlich unabhängig im Zuge einer Kaltfront auftreten und dann unter Umständen besonders nachhaltige Auswirkungen zeitigen. Ungünstige Verhältnisse wie nasser, rutschiger Untergrund, Vereisung oder schlechte Sicht durch Nebel lösen rasch unkalkulierbare Erschwernisse aus. Jahreszeitlich bedingte Schneefelder und steinschlaggefährdete Passagen sind weitere alpintypische Gefahrenpotenziale. Am besten findet all dies schon in der Planungsphase und bei der Taktik Berücksichtigung. Wird man unterwegs überraschend mit unerquicklichen Situationen konfrontiert, kommt es auf umsichtiges Handeln ohne falschen Ehrgeiz an.

Unfälle und das alpine Notsignal

Trotz aller Vorsicht wird es niemals möglich sein, Komplikationen, Notsituationen oder gar bösere Unfälle von vornherein zu hundert Prozent auszuschließen. Das Restrisiko wandert sozusagen immer mit. Tritt solch ein Fall ein, gilt es zunächst einmal Ruhe zu bewahren und Verunglückten Erste Hilfe zu leisten. Mit einem Mobiltelefon kann man schnellstmöglich eine Rettungsaktion einleiten. Die Nummer der Landesrettungszentrale in Südtirol lautet 118.
Bleibt diese Form des Hilferufes erfolglos, weil man z. B. kein »Netz« bekommt, wird das alpine Notsignal gegeben: 6-mal in der Minute in regelmäßigen Abständen und mit einer Minute Pause wiederholen. Es können hörbare und/oder sichtbare Zeichen ausgesandt werden, etwa durch Ru-

Viele Bergwege sind gut ausgebaut und stellen verhältnismäßig geringe Anforderungen.

fen, Schwenken von Kleidungsstücken, bei Dunkelheit Blinken einer Taschenlampe. Auch die Antwort sollte jeder kennen: Sie besteht in ähnlicher Weise aus 3-maligen Zeichen binnen einer Minute und wieder eine Minute Pause.

Aufbau und Gliederung des Buches

In diesem Buch werden acht Weitwanderwege etappenweise vorgestellt. Der Rahmenplan über einzelne Tage dient zunächst einmal dem Zweck einer klar nachvollziehbaren, systematischen Darstellung. Bei manchen Touren wie dem Pfunderer Höhenweg ist er auch kaum anders möglich. Meistens ergibt sich aber tatsächlich ein mehr oder weniger großer Gestaltungsspielraum bei der Wahl der Quartiere, sodass man die Strecke nach Belieben langsamer oder schneller durchlaufen kann.

Grundlage der dreistufigen Schwierigkeitsbewertung

- Leichte Wanderungen auf gut ausgebauten, nicht oder nur selten steil angelegten Fuß- bzw. Fahrwegen, die normalerweise gefahrlos begangen werden können und auch nicht sonderlich beschwerlich sind.
- Bergwege, die im alpintechnischen Sinn ebenfalls als »unschwierig« gelten, aber streckenweise schmaler und steiler angelegt sind und grundlegende Trittsicherheit erfordern, an ausgesetzten Stellen auch Schwindelfreiheit.
- Anspruchsvolle Bergwege, die in exponiertes bzw. hochalpin erschwertes Gelände führen und ausgereiftere Bergerfahrung sowie absolute Trittsicherheit und Schwindelfreiheit erfordern. Kletterpassagen im Grad I bis II bzw. Klettersteige gehören ebenso dazu wie weglose Abschnitte in heiklem Gelände (auch Gletschertraversen). Es besteht erhöhte Abhängigkeit von den herrschenden Verhältnissen.

Vor den jeweiligen Etappenkapiteln wird jede Tour mit einer allgemeinen Einführung bedacht. Darin wird auf allgemeine Aspekte und Wissenswertes eingegangen sowie der Verlauf kurz angerissen. Auch alle Planungskriterien, die für die Tour insgesamt relevant sind, werden hier aufgeführt, z. B. die Kenndaten von Schwierigkeit, Dauer, Höhenmeter und Strecke (in Piktogrammform), außerdem der Tourcharakter mit den Gesamtanforderungen, Markierung der Route, Ausgangs- und Endpunkt samt Verkehrsverbindungen, jahreszeitliche Empfehlungen und Kartenmaterial (es werden aufgrund des Detailreichtums standardmäßig die 25.000er-Blätter von Tabacco empfohlen).

Optimale visuelle Unterstützung bieten eine kartografische Übersicht sowie ein Höhenprofil. Eine Liste der Unterkünfte einschließlich Telefonnummern vervollständigt das jeweilige Einführungskapitel. Man beachte, dass sich gerade letztgenannte Angaben zuweilen ändern können, sodass bei der Vorbereitung eine Recherche im Internet eventuell nützlich ist.

Jeder Etappe ist anschließend eine Doppelseite gewidmet. Die Piktogramm-Parameter Schwierigkeit, Gehzeit, Höhenmeter und Strecke sind nun auf den Abschnitt konkretisiert, ebenso die verbalen Charakterisierungen. Der Punkt »Einkehr« berücksichtigt Stationen zwischen Ausgangs- und Endpunkt der Etappe, die Gehzeiten werden nochmals detaillierter aufgeschlüsselt. Dabei sei darauf hingewiesen, dass es sich um Richtwerte handelt, gemessen an geübten Bergwanderern, die zwar nicht zu sportlich unterwegs sind, aber mit den Anforderungen auch auf langen Märschen problemlos zurechtkommen. In Abhängigkeit von zahlreichen Faktoren ist die Streuung der Gehzeiten in der Praxis erfahrungsgemäß ziemlich groß, sodass jeder diesbezüglich seine eigenen Erfahrungen machen wird.

Im Anschluss an die Basisdaten erfolgt die Routenbeschreibung, wobei sich der Verfasser um einen frei gestalteten Text bemüht hat, der im Idealfall sowohl informiert als auch animiert und von allzu nüchternem telegrammartigem Stil Abstand nimmt. Als Zusatzservice werden Wegvarianten, lohnende Gipfelabstecher oder andere Tipps in einem Kasten hervorgehoben.

Mitunter gibt es anspruchsvolle Klettersteigpassagen, wie hier im Val Setùs (Sellagruppe).

Landschaft der Superlative: der Vinschgau bei Schlanders

1

Vinschger Höhenweg

Höfewanderung von den Etschquellen nach Juval

Vinschger Höhenweg

Höfewanderung von den Etschquellen nach Juval

1

Beschauliches Wandervergnügen zwischen Muntetschinig und Matsch

leicht | km 107 km | 5 Tage | ↑ 4300 Hm | ↓ 5300 Hm

Charakter: Wandertechnisch eher leichte Tour, die häufig wechselnd auf Berg- und Karrenwegen, Forst- und Höfestraßen, mitunter auch auf Waalwegen verläuft. Steile Passagen sind selten, exponierte fehlen fast ganz. Die Hauptanforderung liegt in den ziemlich langen Etappen, Tagesmärsche von mehr als 20 Kilometer sind die Regel. Dies verlangt Ausdauer und Durchhaltevermögen, obgleich z. T. eine Nächtigung zusätzlich eingeschoben werden kann.

Markierung: Durchgängige Beschilderung als »Vinschger Höhenweg« mit eigenem Symbol (vor allem im nordwestlichen Teil können jedoch mitunter Wegweiser vermisst werden). Wegnummern sind hingegen lokal und nicht immer vorhanden.

Ausgangspunkt: Reschen (1513 m), oberstes Dorf im Vinschgau unweit des Reschenpasses. Busverbindung vom Endpunkt der Vinschgerbahn in Mals.

Endpunkt: Staben (554 m) im unteren Vinschgau. Haltestelle der Vinschgerbahn, die zwischen Meran und Mals verkehrt.

Höchster Punkt: Im Bereich des Matscher Tals (ca. 2180 m).

Beste Jahreszeit: Aufgrund der überwiegenden Südhanglage und moderaten Höhen besonders lange Saison von mindestens Anfang Mai bis Ende Oktober. Weniger empfehlenswert sind allerdings Hitzeperioden im Hochsommer, viel geeigneter also Frühjahr und Herbst.

Karten: Tabacco, 1:25 000, Blätter 043 »Vinschgauer Oberland«, 044 »Vinschgau – Sesvenna« und 04 »Schnalstal – Naturns«

Jüngster Weitwanderweg Südtirols

Die neueste Kreation im Trekkingangebot Südtirols heißt Vinschger Höhenweg. Über mehr als 100 Kilometer begleitet er das Tal der oberen Etsch, genauer gesagt vom Reschen bis auf Höhe des Schnalstals. Abgesehen von schematischen Veröffentlichungen des Tourismusverbandes Vinschgau, der das ambitionierte Projekt gemeinsam mit dem Alpenverein Südtirol und dem Forstinspektorat Schlanders voranbrachte, wird in diesem Buch die erste detaillierte Beschreibung der Route vorgestellt. Dabei propagiert der Autor – das sei gleich vorausgeschickt – vorzugsweise die Richtung flussabwärts und unterscheidet sich darin von den meisten Internetauftritten. Möge jeder Wanderer letztlich selbst entscheiden. Im Wesentlichen beruht der Vinschger Höhenweg auf vorhandener Infrastruktur, alten Verbindungwegen zwischen den zahlreichen Höfen, die sich großzügig über die steilen Berghänge verteilen. Rund acht Kilometer Lückenschlüsse sind jedoch komplett neu trassiert worden. Insgesamt ist dies beileibe keine hochalpine Weitwanderroute, auch wenn die spektakuläre Bergumrahmung des Vinschgaus dies auf den ersten flüchtigen Blick nahelegt. Vielmehr darf sich eigentlich jeder angesprochen fühlen, der über ausreichend Marschfreude verfügt. Besondere alpine Erfahrung ist nicht notwendig.

Vom Reschen ins Matscher Tal

Das beweist schon die erste Etappe, die sich nie sehr weit von der Talsohle entfernt und damit als »Höhenweg« eigentlich etwas überinterpretiert ist. Man gewinnt freilich tiefe Einblicke in die Siedlungsstruktur des Obervinschgaus, lernt malerische Weiler kennen und kann sich am Ufer des Re-

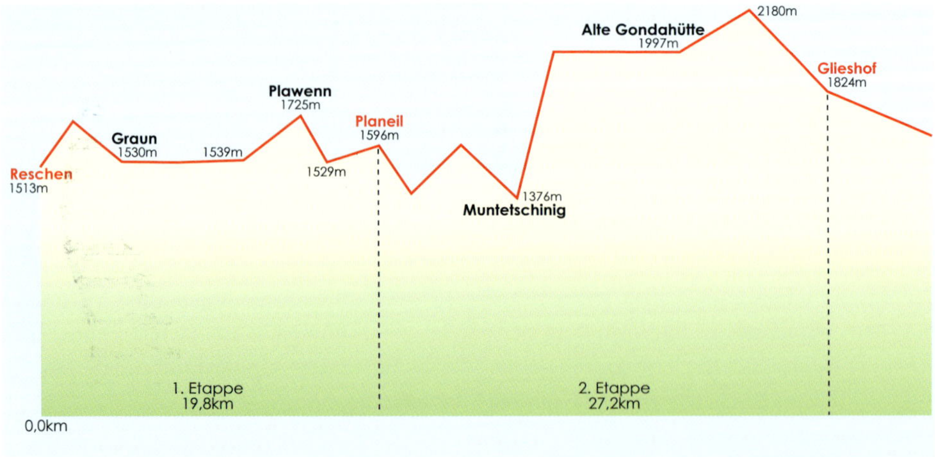

schensees auch seine Gedanken über die Nutzung der natürlichen Ressourcen machen. Der versunkene Kirchturm von Alt-Graun, heute ein Touristenmagnet, erzählt ja im Grunde eine tragische Geschichte. Gleichzeitig ziehen uns praktisch ab dem ersten Schritt stolze Bergkulissen in Bann, am südlichen Horizont bereits »König Ortler« mit seiner unverwechselbaren Eishaube.

Das einzige Seitental des Vinschgaus, das wir wirklich tief ausgehen, ist das Matscher Tal. Man wird verblüfft sein ob der verträumten abgelegenen Winkel, die es hier noch zu entdecken gibt. Ausnahmsweise überschreiten wir auf dem Weg in den Tal-

Die Etappen im Überblick

- 1. Tag: Reschen – Planeil, 6.00 Std.
- 2. Tag: Planeil – Glieshof, 9.00 Std.
- 3. Tag: Glieshof – Paflur, 6.45 Std.
- 4. Tag: Paflur – St. Martin im Kofel, 8.00 Std.
- 5. Tag: St. Martin im Kofel – Juval (Staben), 4.45 Std.

Übernachtungsmöglichkeiten

Planeil: Gasthof Gemse, Tel. 0473/831148; Pritscheshof, Tel. 0473/840999

Muntetschinig: Montecinhof, Tel. 335/5627210; Rainalterhof, Tel. 0473/831764; Fichtenhof, Tel. 0473/831697

Matscher Tal: Gasthof Weißkugel, Tel. 0473/842600; Almhotel Glieshof, Tel. 0473/842622; Inner-Glieshof, Tel. 0473/842659; Außer-Glieshof, Tel. 0473/842637 und 842638; Thanaihof, Tel. 0473/832614; Hahnenhof, Tel. 0473/842714; Aviunshof, Tel. 333/4634466

Gschneir: Ortlerblick, Tel. 0473/615286; Mairhof, Tel. 0473/615207

Tanas: Gasthof Paflur, Tel. 0473/739977

St. Martin im Kofel: Oberkaser, Tel. 0473/720125

Tschars/Juval: Hotel Himmelreich, Tel. 0473/624109; Oberortlhof Schlosswirt Juval, Tel. 0473/668056

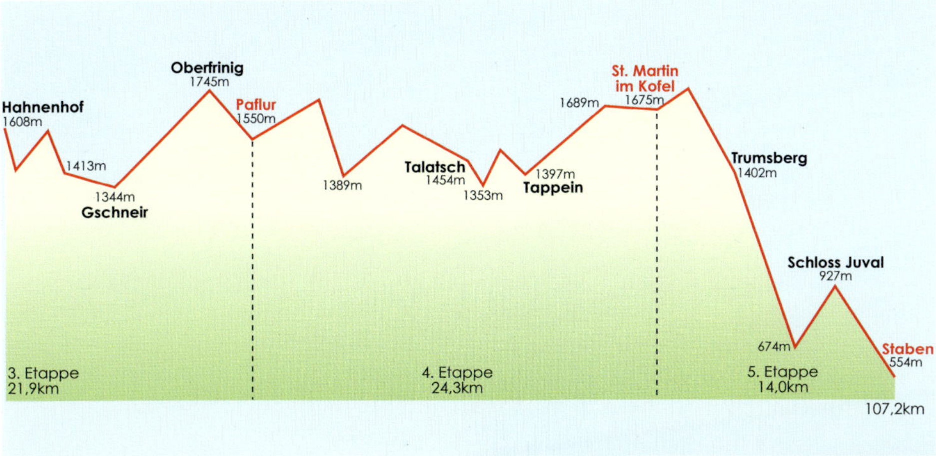

schluss die Zweitausendmetermarke, während wir sonst mehr oder weniger deutlich darunter wandern. Spätestens ab dem dritten Tag kann der Vinschger Höhenweg dann als echte Höfewanderung apostrophiert werden. Aus dem Matscher Taleinschnitt heraus schwenken wir auf die prallen Südhanglagen des Sonnenbergs ein, denen wir bis zum Ende treu bleiben.

Am Vinschger Sonnenberg

Hier begegnen wir allenthalben ganz speziellen landschaftlichen Gegebenheiten, die in vergleichbarer Weise nur noch in anderen inneralpinen Trockentälern wie etwa dem Walliser Rhônetal vorkommen. Neben Lärchen- und Kiefernwäldern sind ausgedörrte, mit einer anspruchslosen Steppenvegetation bewachsene Steilhänge charakteristisch – eine Folge der extremen klimatischen Bedingungen: Niederschläge werden zum großen Teil von den gewaltigen Massenaufwerfungen der Ötztaler Alpen und der Ortlergruppe abgeschirmt, dazu kommen die starke Sonneneinstrahlung und nicht selten ein zusätzlich austrocknender Wind. Die Bauern am Sonnen-

Frühling bei Juval

Einheitliche Wegweiser kennzeichnen den Vinschger Höhenweg.

berg können ein Lied davon singen. Doch sie wussten sich schon vor Urzeiten zu helfen, zapften das kostbare Nass aus den Hochlagen an, entwarfen ein ausgeklügeltes System von Waalen (Bewässerungskanälen) und machten die Berghänge mit fleißiger Hand zumindest parzellenweise urbar. Mittendrin bauten sie ihre Höfe, mitunter aberwitzig kühn gelegene Nester, oft auch stolze Anwesen, die das anheimelnde Streusiedlungsbild seit je prägen. Vor der Kulisse eines Ortlers, einer Tschenglser Hochwand oder einer Orgelspitze für jeden Landschaftsästheten ein Traum!

Zumal der plantagengrüne Talboden des Vinschgaus jetzt meist 500 bis 1000 Meter tiefer liegt, hat sich der Höhenweg längst zur regelrechten Panoramaroute gemausert. Gepaart mit den kulturellen Aspekten wird ein besonderes Wanderfeeling vermittelt, das in dieser Form wohl nur noch einige Abschnitte des Meraner Höhenwegs bieten. Visionäre denken indes schon an einen Zusammenschluss …

Wenn wir jedenfalls unsere teils strammen Märsche über dem Vinschgau absolvieren, am letzten Tag über St. Martin im Kofel und Trumsberg langsam dem Ziel näherrücken, dann hat uns dieser Alpenwinkel innerlich gewiss gefangen genommen. Als Abschluss darf man sich ruhig noch Reinhold Messners Heimstatt ansehen: Auf Schloss Juval hat die Bergsteigerlegende eines seiner Bergmuseen eingerichtet. So tragen wir nach fünf oder sechs Tagen Erinnerungen heim, die typisch für Südtirol sind: als stimmungsvolle Verbandelung von Natur- und Kulturschätzen.

Immer wieder ein Blickfang: die 3300 Meter hohe Orgelspitze

Reschen – Planeil

Weiler und Dörfer im Vinschgauer Oberland

1.1

Talnahe Passage bei St. Valentin auf der Haide

leicht | 19,8 km | 6 Std. | 700 Hm | 620 Hm

Charakter: Teils Naturwege, häufig aber auch breite Forststraßen sowie die Promenade am Reschensee, durchwegs leichtes Gelände. Für die Tagesleistung von immerhin 20 km ist Ausdauer angezeigt.

Ausgangspunkt: Reschen (1513 m)

Endpunkt: Planeil (1596 m)

Höchster Punkt: Vor Plawenn (ca. 1750 m)

Einkehr: Graun

Gehzeiten: Reschen – Graun 1.30 Std. – Ende Reschensee 0.50 Std. – Dörfl 1.20 Std. – Plawenn 1.00 Std. – Planeil 1.20 Std

Im Ort Reschen, am Nordende des großen Stausees gelegen, starten wir zur Wanderung auf dem Vinschger Höhenweg. Man könnte gleich die Höfe von Klopair (Klapoar in der Tabacco-Karte) anpeilen, doch macht der offizielle Verlauf zunächst Station bei den Etschquellen, die sich oberhalb des Dorfes im Wald verstecken. Wir folgen dann einer Forststraße noch etwas weiter aufwärts, bis man auf einen leicht abfallenden Steig abbiegt. Vor ausgedehnten Hangwiesen wird in kurzem Gegenanstieg Klopair (1644 m) erreicht. Eine interessante Perspektive genau in die Reschensee-Achse tut sich auf, mit dem Ortler als Blickfang im Hintergrund. Auf der Zufahrt geht es bis kurz vor die Staatsstraße hinunter, bevor ein Waldpfad die Hänge schneidet und damit parallel Richtung Graun (1563 m) führt. Während wir das bekannte Wahrzeichen des Ortes, den halb im Reschensee versunkenen alten Kirchturm, nur aus einer gewissen Distanz erblicken, steht das verträumte Kirchlein St. Anna direkt am Weg über den bewaldeten Geländesporn.

Kurz darauf finden wir uns drunten auf der Seepromenade ein, der wir jetzt über drei Kilometer gen Süden folgen. Zumindest bei Vollstau mögen wir dem stattlichen Gewässer – trotz mangelnder Natürlichkeit – ästhetische Reize nicht absprechen, störend ist aber in jedem Fall der rege Verkehr auf der Reschenstraße, der zeitweise unmittelbar am Wanderer vorbeirauscht. So ist man froh, nach einer Weile endlich wieder links ins Gelände entschwinden zu können. Mit wenig Höhengewinn durchschreitet man den Inneren Talaiwald, wo sich auch eine breite Wiesenschneise (mit Stromleitung) öffnet.

Das »Kapellele« passierend achten wir auf die Richtungswechsel, die nicht immer optimal bezeichnet sind. Sonst könnte man beispielsweise die Traverse oberhalb von Dörfl (1498 m) verpassen, wobei man freilich ebenso gut durch den Weiler selbst gehen kann. Und verschachtelt setzt sich die Route fort: Auf einem Waldweg ansteigend zum »Kreuzl« (Bildstock) und rechts haltend auf eine abwärts führende Forststraße, die man in Kürze wieder links verlässt, um mit einigen Serpentinen nochmals Höhe zu gewinnen. Ein Zwischenstück auf einem spärlichen und teils steilen Pfad bedeutet für heute die anspruchsvollsten Meter. Mit der Passage umkurven wir einen Hangrücken, um schließlich den Weiler Plawenn (1725 m) anzusteuern.

Von dort geht es mit der Straße abwärts nach Alsack (1529 m), wo der letzte und womöglich schönste Teil der Etappe ansetzt. Es handelt sich um einen gut angelegten Hangweg am Alsacker Berg, zunächst durch Wald, später in freien, von Rinnen gegliederten Berghängen. Immer wieder schweift der Blick über den Schwemmkegel der Malser Haide, während wir allmählich ins Planeiltal eindrehen. Im verschachtelten Bergdorf Planeil (1596 m) beziehen wir unser erstes Quartier.

Das neue Graun im Obervinschgau

1.2

Planeil – Glieshof

Bis ins innere Matscher Tal

Das Bergdorf Matsch, vis-à-vis mit König Ortler

mittel | km 27,2 km | 9 Std. | 1300 Hm | 1070 Hm

Charakter: Lange Etappe mit Variationspotenzial, die meiste Zeit auf breiteren Forstwegen, zwischen Gonda und Matscher Alm aber auch kleinere Steige. Hier kann etwas Trittsicherheit nicht schaden. Ausdauer ist gefordert.

Ausgangspunkt: Planeil (1596 m)

Endpunkt: Glieshof (1824 m)

Höchster Punkt: Über dem Matscher Tal (ca. 2180 m)

Einkehr: Muntetschinig, Gonda, Matscher Alm

Gehzeiten: Planeil – Malettes 1.30 Std. – Muntetschinig 1.00 Std. – Abzweig Matsch 1.30 Std. – Neue Gonda-Alm 1.30 Std. – Kalte Wiesen 1.45 Std. – Matscher Alm 0.45 Std. – Glieshof 1.00 Std.

Direkt bei Planeil wechseln wir auf die andere Seite des Punibachs und verlieren erst einmal an Höhe, bevor wir zum Gegenanstieg in dem weiten Waldhang antreten. Über Forststraßen stößt man auf die Wegnummer 12 von Mals herauf und erreicht etwas höher das kupierte Lichtungsareal »Malettes« mit einem Rastplatz (ca. 1600 m). Während Route 12 weiter Richtung Spitzige Lun aufwärts strebt, vertrauen wir uns der nach rechts wegziehenden Trasse an. In leichtem Gefälle führt sie an der Freifläche bei Mitterhütt (1554 m) sowie am eingefriedeten Hof Lechtl vorbei nach Muntetschinig (1376 m), wo mehrere Berghöfe Übernachtungsmöglichkeit bieten. Besonders zu loben sind die Ausblicke über den weiten Talboden auf die Gipfel der Ortler- und Ses-

Variante: Abkürzung über Thanai

Falls einem die Etappe am Ende zu lang wird, kann von den Kalten Wiesen mit Abstieg über die Thanaihöfe rascher der Zielpunkt erreicht werden. Man schneidet damit die ganze Schleife im Matscher Talschluss ab und spart mindestens 1 Std. Eine Zwischennächtigung lässt sich im Übrigen auch in Muntetschinig oder Matsch einfügen. Letzteres eröffnet Spielraum, zuvor über den Aussichtspunkt der Spitzigen Lun (2324 m) zu wandern. Diese gilt als Malser Hausberg und legt uns die ganze Biegung des Vinschgaus zu Füßen.

vennagruppe, Letztere bereits im Grenzgebiet zur Schweiz.

Bei Muntetschinig vollzieht der Vinschger Höhenweg einen scharfen Linksknick, wendet sich also ein Stück weit mit der Straße Richtung Gamassenhof aufwärts, zweigt dann aber bald wieder rechts auf den Schwarzwald-Wirtschaftsweg ab. Auch dort bleibt uns das prachtvolle Panorama treu – man kann sich kaum sattsehen. Im weiteren Verlauf gelangen wir zunehmend in den Bereich des Matscher Tals und stoßen auf eine Trasse entlang dem ehemaligen Ackerwaal. Kurz vor Matsch, das sich malerisch an den Hang schmiegt, drängt die Entscheidung, ob wir im Ort Quartier beziehen oder die lange Etappe durchzuhalten gedenken.

In diesem Fall wenden wir uns mit einem Forstweg erneut bergwärts. Nach einigen Serpentinen führt eine lange Hangtraverse in Grundrichtung Nordost. Bei der Neuen Gonda-Alm (1946 m) wird die breite Trasse von einem urtümlichen Almpfad abgelöst. Wir queren weiterhin durch die Hänge, durch Waldabschnitte und Lichtungen mit trockenem Gras, vorbei an der alten Gonda-Hütte (1997 m). Herrlich urwüchsig zeigt sich das Matscher Tal, umstellt von stattlichen Dreitausendern, die allerdings außer der Weißkugel keine prestigeträchtigen Namen besitzen. In leichtem Auf und Ab erreichen wir die sogenannten Kalten Wiesen bzw. Eisawiesen mit einer wichtigen Abstiegsmöglichkeit (siehe Kasten).

Wer nach langen Marschstunden immer noch genügend Energie besitzt, wird mit dem offiziellen Vinschger Höhenweg auch die Schleife über die Matscher Alm (2045 m) wahrnehmen, also zunächst weitere zweieinhalb Kilometer durch die Flanke queren. Erst weit hinten im hochalpinen Matscher Talschluss senkt sich die Route zum Saldurbach hinab und führt auf der anderen Seite parallel zu diesem wieder hinaus zu den Glieshöfen (1824 m). Unterkunft gibt es sowohl im Almhotel als auch auf diversen Bauernhöfen.

1.3

Glieshof – Paflur

Über dem mittleren Vinschgau

Panoramablick in den Vinschgau um Mals, Glurns und Schluderns

leicht — km 21,9 km — 6.45 Std. — 800 Hm (Aufstieg) — 1080 Hm (Abstieg)

Charakter: Eine Mixtur von Karrenwegen, Höfestraßen, Steigen und Waalwegen, die meist bequem quer durch die Hänge führen. Nur selten Steilstücke, anspruchsvolle Passagen fehlen. Zu beachten ist abermals die Streckenlänge.

Ausgangspunkt: Glieshof (1824 m)

Endpunkt: Gasthof Paflur (1550 m)

Höchster Punkt: Glieshof

Einkehr: Ortlerblick bei Gschneir

Gehzeiten: Glieshof – Hahnenhof 2.00 Std. – Gschneir 2.10 Std. – Oberfrinig 1.50 Std. – Paflur 0.45 Std.

So weit wir am Vortag ins Matscher Tal hineingewandert sind, so weit geht es nun auf der anderen Seite wieder hinaus. Unweit vom Außer-Glieshof folgt man anfangs der Straße, kann aber bald nach links auf einen Forstweg mit der Nr. 20 ausweichen. Über eine erkleckliche Strecke wird nun ohne große Höhenunterschiede an dem Waldhang entlanggewandert, bis man wieder auf eine asphaltierte Bergstraße trifft. Auf dieser kurz abwärts zur folgenden Kehre und weiter via Tiala und Unterrun zum Hahnenhof (1608 m), sämtlich Streuhöfe, die dem kompakten romanisch geprägten Dorf Matsch vis-à-vis gegenüberliegen. Gleich dahinter steigen wir zum Aviunsbach ab und müssen diesen Höhenverlust sofort wieder ausgleichen. Am Ende der nächsten Lichtung befindet sich der Ellhof (1562 m), auf dessen Zufahrt der Graben des Flitter Bachs ausgegangen wird. Beim Marseilhof verlässt man das Sträßchen und steigt zum Beginn des Gschneir Waals ab. Der Bewässerungskanal selbst ist leider ausgetrocknet, der nahezu horizontale Waalweg aber wie üblich sehr bequem. Rund drei Kilometer geht es so durch die überwiegend bewaldete Flanke, ehe man oberhalb der Gschneirhöfe (1344 m) herauskommt. Wer dort einkehren möchte, muss den Vinschger Höhenweg kurz verlassen.

Dieser bleibt nämlich höher am Hang und steigt vorübergehend auch wieder recht kräftig an. Ein besonders reizvolles Teilstück auf kleinerem Pfad ist jenes hinüber nach Obertels (1563 m). Dort gewinnen wir Anschluss an einen ebenfalls schönen Karrenweg, der in den großen Eyrser Geländetrichter (unterhalb des 3000 Meter hohen Madatschknotts) einbiegt und dort über mehrere Seitengräben allmählich Richtung Unterfrinig (1715 m) ansteigt. Bei Oberfrinig (1745 m) ist vorläufig der höchste Punkt erreicht. Wir folgen dem Bergsträßchen abwärts, schneiden eine Schleife ab und werden dann von einem Wegweiser nochmals auf eine Hangtraverse gelotst, die über Panof (1628 m) zum Gasthof Paflur (1550 m) leitet. Etwas schneller ginge es am Schluss auf dem Sträßchen. In jedem Fall präsentiert sich Paflur, ein Stück oberhalb des Bergdorfes Tanas gelegen, als vortreffliche Balkonloge hoch über dem Mittelvinschgau, die Gipfel um die Tschenglser Hochwand im Blick.

Obertels ist einer der vielen Logenplätze vor der Nordfront der Ortler-Alpen.

Paflur – St. Martin im Kofel

Vinschger Höfewanderung par excellence

1.4

Talatsch, einer der typischen Hangweiler am Sonnenberg

mittel | km 24,3 km | 8 Std. | ↑ 1150 Hm | ↓ 1030 Hm

Charakter: Wieder lange Etappe im Auf und Ab, das sich ordentlich summiert. Jeweils abschnittsweise Naturwege und Forst- bzw. Höfestraßen. Für einige wenige Passagen etwas Trittsicherheit vorteilhaft.

Ausgangspunkt: Gasthaus Paflur (1550 m)

Endpunkt: St. Martin im Kofel, Gasthaus Oberkaser (1675 m)

Höchster Punkt: Zwischen Paflur und Strimmhof (gut 1700 m)

Einkehr: Egghöfe

Gehzeiten: Paflur – Gadriatal 1.40 Std. – Matatsch 0.50 Std. – Talatsch 1.15 Std. – Tappein 1.30 Std. – Forra 1.45 Std. – St. Martin 1.00 Std.

Was sich auf der vorigen Etappe schon angedeutet hat, findet heute in großartiger Weise eine Fortsetzung: Wir durchmessen die typische Landschaft am Vinschger Sonnenberg, mit ihren verstreuten Höfen und der einzigartigen botanischen Situation. Vom Gasthaus Paflur geht es zuerst ein paar Schritte zurück, um nachfolgend rechts einen Forstweg einzuschlagen. Die Traverse führt ostwärts durch die Hänge des Bannwalds und steigt dabei etwas an. Später schwenkt sie nordwärts ein und nähert sich der Zufahrt zum Strimmhof (1754 m). Auf dieser angelangt, verlieren wir wieder an Höhe und achten dabei auf die Beschilderung, die uns bis hinunter ins Gadriatal (1389 m) lotst. Einige Passagen bis hierher sind eigens für den Vinschger Höhenweg neu trassiert worden, um Lücken zu schließen.

Aus dem Gadria-Einschnitt, der übrigens geologisch den Kortscher Murkegel bewirkt hat, geht es im Gegenanstieg an den malerischen Rimpfhöfen (1474 m) vorbei nach Feilegg (1561 m). Hinter dem teilweise verfallenen Matatsch (1512 m) wird das kleine Gmahrer Tal ausgegangen, der gleichnamige Hof bleibt allerdings knapp abseits (oberhalb). Gleichwohl stoßen wir in Kürze auf die Höfestraße, der wir über Waldenthal (1552 m) bis zum Weiler Talatsch (1454 m) folgen. Allenthalben kleben die Höfe wie Schwalbennester am Hang, während drunten Schlanders, der Hauptort im mittleren Vinschgau, sein Siedlungsgebiet in der fruchtbaren Talsohle beansprucht. Nicht zu vergessen die Kulisse, die in diesem Abschnitt vor allem von der mächtigen Orgelspitze dominiert wird.

Über einen recht steil abfallenden Karrenweg kommen wir von Talatsch ins Schlandrauner Tal, um es nahe dem Mühlgut rasch zu kreuzen. Und schon befinden wir uns auf einem interessanten Pfad, der für unsere Weitwanderroute wiederum teilweise neu ausgestaltet wurde. Man quert den Gampenbach, steigt ein Stück weit kräftig an und wähnt sich dann auf einem alten aufgelassenen Waalweg. Sogar ein paar leicht ausgesetzte schrofige Stellen sind hier zu erwarten, ehe wir in Tappein (1397 m) eintreffen: wieder einer dieser archetypischen Höfeweiler am Sonnenberg.

Bei der nächsten Straßenkehre nehmen wir den bequemen Weg Nr. 14 auf, der an Patsch (1428 m) vorbeiführt und sich dann im Geländetrichter des Fallerbachs verliert. Abermals wechseln wir auf einen kleineren Steig, gehen den Tobel aus und gewinnen via Zuckbichl und Lagar deutlich an Höhe. Diese beiden Örtlichkeiten – im Mittelalter vermutlich als Knappensiedlungen errichtet, Anfang des 20. Jahrhunderts aber endgültig verlassen – präsentieren heute nur noch Ruinen. Anders hingegen Forra (1689 m) und Egg (1677 m), die nach wie vor das intakte Dasein am steilen Sonnenberg verkörpern.

Mittlerweile sind wir dem Tagesziel schon ziemlich in Reichweite gerückt. Auf einem breiten Fahrweg gilt es noch den Geländekessel des Tissbachs auszugehen, ehe wir schließlich nach St. Martin im Kofel (1736 m) gelangen. Eine Seilbahn verbindet die Bergsiedlung mit Latsch, doch nehmen wir mit Vorzug im nahen Oberkaserhof (1675 m) Quartier. Hier können wir die ganze Faszination des Vinschger Sonnenbergs bis in die Abendstunden in Ruhe auf uns wirken lassen.

Die abgelegenen Rimpfhöfe

St. Martin im Kofel – Juval (Staben)

Schlussetappe über Trumsberg und den Schnalserwaal

1.5

Rund 2500 Meter liegen zwischen den Obstplantagen bei Tarsch und dem Hasenöhrl.

leicht | km 14 km | 4.45 Std | 350 Hm | 1470 Hm

Charakter: Zumeist Berg- und Waalwege in steilen Südhängen, stets gut ausgebaut. Zwischendurch auch breitere Trassen. Mit elementarer Trittsicherheit keine Schwierigkeiten.

Ausgangspunkt: Oberkaserhof (1675 m) bei St. Martin im Kofel

Endpunkt: Haltestelle Staben (554 m) der Vinschgerbahn

Höchster Punkt: Zwischen St. Martin und Platztair (ca. 1760 m)

Einkehr: St. Martin im Kofel, Platztair, Niedermoar, Sonnenhof, Juval

Gehzeiten: St. Martin – Platztair 0.50 Std. – Trumsberg (Niedermoar) 0.40 Std. – Abzweig Tschars 1.00 Std. – Schloss Juval 1.30 Std. – Staben 0.45 Std.

Der letzte Tagesmarsch reicht nun schon bis in den Untervinschgau, womit nochmals neue Facetten dieser Südtiroler Großlandschaft aufgeschlagen werden. Von unserer Unterkunft steigen wir kurz nach St. Martin (1736 m) auf, passieren dort die Seilbahnstation sowie das weiß getünchte Bergkirchlein und wandern weiter ostwärts. Ein breiter Weg zieht sich quer durch die Hänge Richtung Platztair (1657 m), wo sich einkehren ließe. Wir wenden uns links zum Greithof und treten auf einen Steig über, der nun mit merklichem Höhenverlust den Vermoigraben ausgeht. Damit gelangen wir in den Bereich des Streuweilers Trumsberg, stoßen bei einer Kapelle auf das Bergsträßchen und lassen uns zum bewirtschafteten Niedermoar (1379 m) leiten. Bald darauf legt sich der nächste Geländetrichter in den Weg, und zwar jener des Galsaunbachs. Mit dem Trumsweg finden wir auch hier wieder ein passables Durchkommen und verlieren dabei weiter ständig an Höhe. Ausgedörrte Steilhänge prägen allenthalben das Bild.

Erst wenig oberhalb des Dorfes Tschars, inmitten ausgedehnter Obstplantagen, wendet sich die Route allmählich wieder aufwärts (P. 674 der Tabacco-Karte). Mit Nummer 3 steigen wir zum Schnalserwaal an und folgen dieser noch intakten Bewässerungslinie weiter gen Osten. Auf dem sehr komfortablen und stimmungsvollen Wegabschnitt nähern wir uns dem Zielgebiet um Juval, wo uns erst einmal die Jausenstation Sonnenhof (830 m) empfängt. Den Abstecher über rund 100 steile Höhenmeter hinauf nach Schloss Juval (927 m) wird man nun als finales Highlight nicht scheuen, zumal im Rahmen des Messner Mountain Museums auch eine Besichtigung möglich ist. Eindrucksvoll, wie die Burg über der Mündung des Schnalstals thront.

Bis zu einer Straßenschleife verkehrt gewöhnlich ein Shuttlebus, den man talwärts in Anspruch nehmen könnte. Freilich ist es auch keine große Sache, zu guter Letzt auf Schusters Rappen hinunter nach Staben zu schlendern, wo die Vinschgerbahn für die Rückreise bereitsteht.

Bei Schloss Juval liegt der Vinschger Höhenweg hinter uns.

Der Hans-Frieden-Felsenweg durchschneidet die Steilflanken.

2

Meraner Höhenweg

Der Ring um die Texelgruppe

Meraner Höhenweg

Der Ring um die Texelgruppe

2

Vorderkaser, idyllischer Zielpunkt der zweiten Etappe

mittel | km 86 km | 5 Tage | ↑ 4600 Hm | ↓ 4600 Hm

Charakter: Es überwiegen gut ausgebaute Höhenwege im Wechsel zwischen offenen und bewaldeten Hanglagen; Zwischenstücke auch auf Höfestraßen. Vereinzelte ausgesetzte Passagen sind meist abgesichert. Über das Eisjöchl wandertechnisch ebenfalls problemlos, allerdings in beachtlicher Höhe und deshalb besonders von den herrschenden Verhältnissen abhängig. Elementare Trittsicherheit obligatorisch, Ausdauerleistung je nach Etappeneinteilung variabel.

Markierung: Durchgängig Wegnummer 24

Ausgangspunkt: Gasthof Hochmuth (1361 m), erreichbar mit der Seilbahn von Dorf Tirol. Zur Talstation per Bus von Meran.

Endpunkt: Wie Ausgangspunkt

Höchster Punkt: Eisjöchl (2895 m)

Beste Jahreszeit: Das Eisjöchl ist etwa ab Mitte/Ende Juni passierbar und im späteren Herbst eventuell schon wieder kritisch. Alle anderen Teilstrecken empfehlen sich von Mai bis Ende Oktober.

Karten: Tabacco, 1:25 000, Blätter 011 »Meran und Umgebung«, 04 »Schnalstal – Naturns« und 039 »Passeiertal«

Eine archetypische Kulturlandschaft

Gut 25 Jahre ist es her, dass der Meraner Höhenweg als solcher ausgewiesen wurde, obgleich seine Teilstrecken natürlich auf wesentlich älteren, mitunter gar uralten Weganlagen beruhen. Als »Freundschaftsband von Hof zu Hof, von Gemeinde zu Gemeinde, von Tal zu Tal« erklärte Helmut Ellmenreich, seinerzeit Vorsitzender der Alpenvereinssektion Meran, diese abwechslungsreiche Weitwanderroute, die rasch Popularität gewann und heute längst als Klassiker gelten darf. In durchschnittlich fünf Tagen gilt es, einmal vollumfänglich die Texelgruppe zu umrunden.

Dabei lernt man nicht nur die großartige Hochgebirgsnatur im Süden der Ötztaler Alpen kennen und schwelgt stets aufs Neue in herrlichsten Ausblicken, auch das arbeitsreiche Leben der Bergbauern, die dieser Landschaft seit zahllosen Generationen ihren Stempel aufdrücken, offenbart sich auf ganz unmittelbare Weise. Und gerade diese Symbiose zwischen Natur- und Kulturwanderung wird uns begeistern. Wer wäre nicht entzückt beim Anblick stolz am Steilhang klebender Höfe, wo fleißige Hände seit ehedem Auskommen sichern und nicht zuletzt dazu beitragen, dass wir das Ambiente als so harmonisch und anheimelnd empfinden. Es gibt viele solcher luftiger Nester über dem Passeier, dem Vinschgau oder dem Schnalstal – jedes für sich ein kleines Reich. Sicher konnte vom Meraner Höhenweg auch manche auf entlegenem Gehöft ansässige Bergbauernfamilie profitieren, wie es einen sanften, naturverträglichen Tourismus generell auszeichnet.

Vielfalt für jedermann

Wer noch keine Erfahrung mit alpinen Weitwanderwegen gesammelt hat, findet hier zweifelsohne einen idealen Einstieg. Die Impressionen sind ausgesprochen vielgestaltig, landschaftlich zum Teil hervorragend, ganz gleich ob in den trockenen Steppenhängen über dem Vinschgau, zwischen

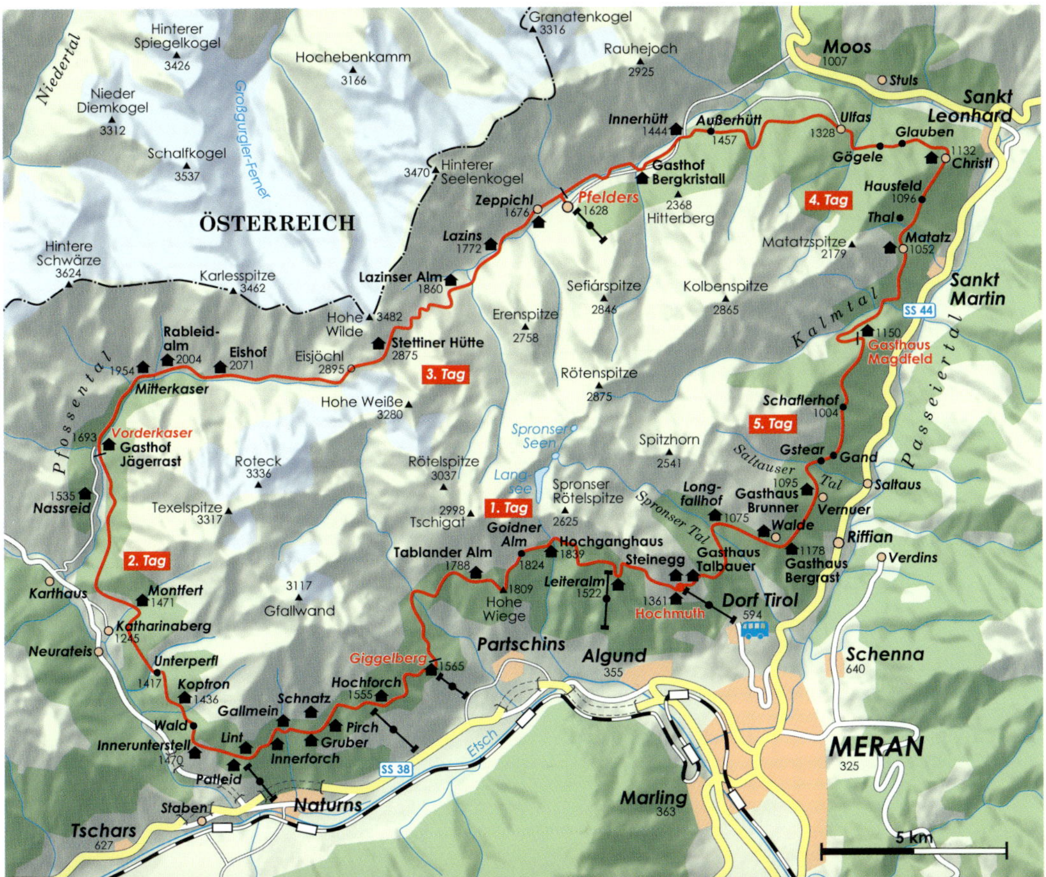

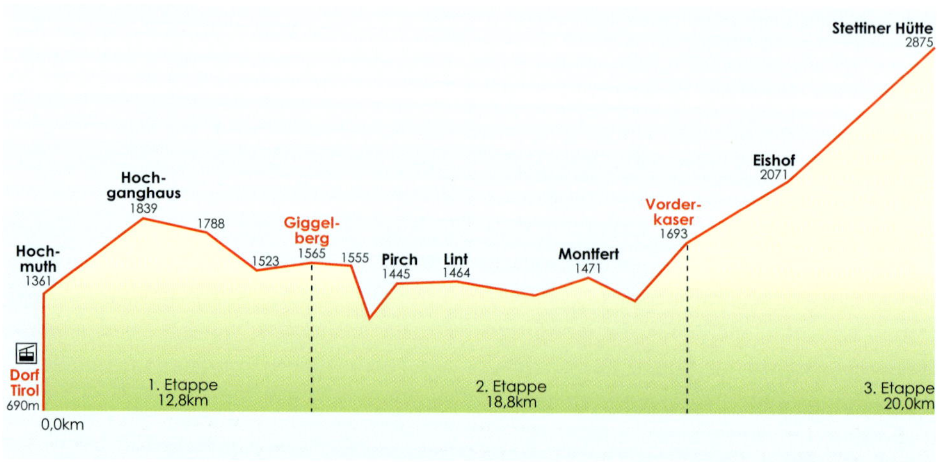

Übernachtungsmöglichkeiten

Gasthof Hochmuth (1361 m), ganzjährig, Tel. 333/2668484
Leiteralm (1522 m), März bis Anfang November, Tel. 333/6255903
Hochganghaus (1839 m), Anfang Juni bis Ende Oktober, Tel. 0473/443310
Giggelberg (1565 m), Februar bis November, Tel. 335/6754710
Pirchhof (1445 m), April bis Mitte November, Tel. 0473/667812
Schnatzhof (1535 m), ganzjährig, Tel. 0473/667744
Galmeinhof (1384 m), Ostern bis November, Tel. 0473/668117
Patleidhof (1386 m), Ostern bis Mitte November, Tel. 0473/667767
Linthof (1464 m), Ostern bis Mitte November, Tel. 0473/667884
Untervernatschhof (1510 m), ganzjährig, Tel. 0473/679241
Montfert (1471 m), ganzjährig, Tel. 0473/679236
Nassreidhof (1535 m), ganzjährig, Tel. 0473/679233
Gasthof Jägerrast (Vorderkaser, 1693 m), März bis Mitte Nov., Tel. 0473/679230
Mitterkaser Alm (1954 m), Mai bis November, Tel. 0473/668131
Rableidalm (2004 m), Mai bis November, Tel. 335/366766
Eishof (2071 m), Mai bis November, Tel. 335/6543300
Stettiner Hütte (2875 m), CAI, Anfang Juli bis Ende September, Tel. 0473/646789
Zeppichl (1680 m), ganzjährig, Tel. 0473/646720
Pfeldererhof (1622 m), Mai bis Oktober, Tel. 0473/646706
Gasthof Innerhütt (1444 m), ganzjährig, Tel. 0473/646818
Unterchristlhof (1132 m), ganzjährig, Tel. 0473/656246
Valtelehof (1100 m), Ostern bis Mitte November, Tel. 0473/641329
Krusterhof (1052 m), Ostern bis Anfang November, Tel. 0473/641335
Gasthof Magdfeld (1150 m), Ostern bis Ende Oktober, Tel. 0473/641249
Gasthaus Brunner (1095 m), Ostern bis November, Tel. 0473/241036
Gasthof Walde (1298 m), Ostern bis Mitte November, Tel. 0473/241198
Talbauer (1209 m), März bis Dezember, Tel. 0473/229941

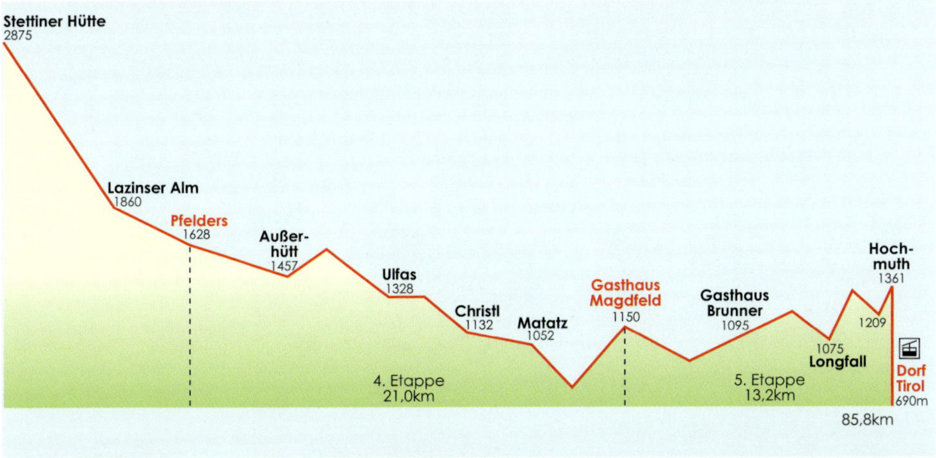

Die Etappen im Überblick

- 1. Tag: Hochmuth – Giggelberg, 5.15 Std.
- 2. Tag: Giggelberg – Vorderkaser, 7.15 Std.
- 3. Tag: Vorderkaser – Pfelders, 6.45 Std.
- 4. Tag: Pfelders – Magdfeld, 7.00 Std.
- 5. Tag: Magdfeld – Hochmuth, 5.00 Std.

den Rodungsinseln im waldreichen Passeier oder in den Hochtälern am unmittelbaren Abfall des Alpenhauptkamms. Das Herz muss nur offen sein für all die Reize, die sich auf der Strecke ganz offenkundig oder auch im Verborgenen darbieten. Dabei weist der Weg als solcher keine außergewöhnlichen Hürden auf. Die wenigen ausgesetzten Passagen sind bestens abgesichert, und auch die Überschreitung des Eisjöchls ist – trotz der beachtlichen Höhe von 2895 Metern – als unschwierig zu bezeichnen. Eine mögliche »Gefahr« geht allenfalls von frei laufenden Hunden auf manchem Berghof aus.

Fast 50 Verpflegungsstationen bieten unterwegs kulinarische Köstlichkeiten an, ein

Nassereith im Zieltal wird am ersten Wandertag passiert.

Der Pfelderer Bach bahnt sich seinen Weg.

Großteil davon auch Übernachtungsgelegenheiten. Das ist natürlich weit mehr, als ein Einzelner ausprobieren kann. Doch lässt dies auch eine bemerkenswerte Flexibilität erkennen, die dem Meraner Höhenweg innewohnt.

Auf die individuelle Tour

Man kann sich seine Etappen quasi nach Belieben zusammenstellen, kürzer oder länger, im Uhrzeigersinn oder entgegen, wie es jeder halt mag. Auch der Einstieg kann individuell gewählt werden, sodass dieser Vorschlag mehr als bei anderen Weitwanderrouten nur Beispielcharakter besitzt.
Aufgrund der günstigen Verkehrsanbindung und dem Schnellzubringer in die Höhenwegetage hat sich der Start bei Hochmuth oberhalb von Dorf Tirol oftmals bewährt. Man läuft dann zuerst die gesamte Südfront der Texelgruppe ab und darf sich derweil schon mal einem Panoramarausch der Extraklasse hingeben. Der Untere Vinschgau offenbart sich in voller Größe, mehr als 2000 Meter von der Sohle bis zu den höchsten Gipfeln. Über zahlreiche Höfe am Sonnenberg schwenken wir später ins Schnals- und Pfossental ein, wo sich der Horizont verengt und mit der Überschreitung des Eisjöchls die »Königsetappe« bevorsteht. Sie bringt uns hinüber ins Pfelderer Tal, das dem Hinterpasseier angehört und inmitten steiler Berghänge ein alpines Flair verströmt. Auf den letzten Abschnitten muten die Szenerien vielleicht bescheidener an, doch sei jedem die Wohltat ans Herz gelegt, zwei weitere Tage lang unbeschwert zwischen einschichtigen Passeirer Höfen und Bergweilern unterwegs zu sein, um den Kreis über dem Talkessel von Meran letztlich ganz zu schließen.

Besonders urwüchsig geht es in der Lahnbachschlucht zu.

Hochmuth – Giggelberg

Meran aus der Vogelschau

2.1

Die Jausenstation Steinegg hoch über dem Meraner Talbecken

mittel | km 12,8 km | 5.15 Std. | ↑ 800 Hm | ↓ 600 Hm

Charakter: Gleich zu Beginn eine teils ausgesetzte, aber bestens ausgebaute und gesicherte Steilhangquerung. Danach teils stärker bewaldete Abschnitte, gleichwohl mit Lichtungen und zwischendurch auch mal holprige Trassen. Etwas Trittsicherheit daher angezeigt, jedoch unschwierig im wandertechnischen Sinn.

Ausgangspunkt: Hochmuth (1361 m)

Endpunkt: Giggelberg (1565 m)

Höchster Punkt: Hochganghaus (1839 m)

Einkehr: Steinegg, Leiteralm, Hochganghaus, Tablander Alm

Gehzeiten: Hochmuth – Leiteralm 1.00 Std. – Hochganghaus 1.15 Std. – Tablander Alm 1.15 Std. – Nassereith 0.45 Std. – Giggelberg 1.00 Std.

Wenn wir uns für einen Einstieg bei Dorf Tirol entscheiden, schweben wir zunächst bequem mit der ganzjährig verkehrenden Seilbahn hinauf zum Gasthof Hochmuth (1361 m), einem famosen Aussichtspunkt 1000 Meter über dem Meraner Talkessel. Wenige Gehminuten oberhalb beginnt bei der Jausenstation Steinegg der Hans-Frieden-Weg, mit dem der Auftakt gleich spektakulär ausfällt. Wir folgen der fast horizontalen und teilweise aus dem Steilhang der Mutspitze gehauenen Trasse. Eidechsen flitzen über die sonnenwarmen Felsen, nebenan die bodenlose Tiefe. Man kreuzt einen prägnanten Grabeneinschnitt und gelangt nach rund einer Stunde herrlichen

Panoramawanderns zur ebenfalls bewirtschafteten Leiteralm (1522 m). Unmittelbar dahinter verschwindet unser Höhenweg in ausgedehnten Waldhängen und steigt bis zum Hochganghaus mehrheitlich schattig an, wobei allerdings ein paar steile Rinnen zu queren sind. Auf einem ausgedehnten Wiesenplateau am Fuße der Spronser Rötelspitze empfängt uns das jüngst neu errichtete Hochganghaus (1839 m); die alte Hütte steht unmittelbar daneben.

Ein Stück weiter in westlicher Richtung gabelt sich der Weg. Wir halten uns an den tieferen und wandern jetzt meist knapp unterhalb der Waldgrenze recht verschlungen durch urwüchsiges Gelände dahin. Hinter der urigen Goidner Alm (1824 m) führt der Pfad hinüber zur Aussichtskanzel an der Hohen Wiege (1809 m), wo ein Wetterkreuz weit über den Vinschgau grüßt. Der Platz lädt so richtig zu einer längeren Rast ein. Vielleicht mag man diese aber auch lieber auf die Tablander Alm (1788 m) verlegen, die in den steppenartigen Südhängen des Tschigat ihren Platz hat und binnen einer halben Stunde erreicht wird. Die Fortsetzung bis ins Zieltal ist wieder besser gefügt, der Untergrund nicht mehr so blockreich. Insgesamt sachte, aber beständig abwärts erreichen wir die aus einem alten Schwaighof hervorgegangene Nassereith-Hütte (1523 m), die zuletzt leider geschlossen war. Wir kreuzen hier den Weg zur Lodnerhütte und setzen zu einer letzten langen Traverse

Typische Wegpassage in den trockenen Südflanken der Texelgruppe

durch den gegenüberliegenden Waldhang an. Darin verbirgt sich ein kurzer, kräftiger Anstieg, ehe die Route im Wesentlichen horizontal zum Etappenzielpunkt Giggelberg (1565 m) hinauszieht. Der hoch über dem Vinschgau gelegene Hof ist seit dem 16. Jahrhundert nachweisbar und mit seiner herzhaften Küche ein beliebtes Ausflugsziel. Dies umso mehr, seitdem einen Katzensprung entfernt die neue Texelbahn eröffnet wurde. Bleibt zu hoffen, dass das traditionelle Gepräge dennoch erhalten bleibt …

Giggelberg – Vorderkaser

Über den Naturnser Sonnenberg ins Pfossental

2.2

Hochforch geht im Ursprung bis ins Mittelalter zurück.

mittel | km 18,8 km | 7.15 Std. | ⇧ 1040 Hm | ⇩ 900 Hm

Charakter: Größtenteils gute Verbindungswege von Hof zu Hof, zum Glück nur selten Abschnitte auf Bergstraßen. Eine Besonderheit ist die Traversierung der Lahnbachschlucht, die aufwendige Wegkonstruktionen erfordert. Vor allem bei Nässe oder nach Unwettern Vorsicht in diesem Bereich. Ziemlich lange Wegstrecke für ausdauernde Wanderer.

Ausgangspunkt: Giggelberg (1565 m)

Endpunkt: Vorderkaser, Gasthof Jägerrast (1693 m)

Höchster Punkt: Vorderkaser

Einkehr: Hochforch, Pirch, Schnatz, Grub, Galmein, Innerforch, Lint, Patleid, Innerunterstell, Kopfron, Untervernatsch, Montfert, Nassreid

Gehzeiten: Giggelberg – Hochforch 0.45 Std. – Pirch 1.15 Std. – Lint 1.00 Std. – Kopfron 1.00 Std. – Montfert 1.30 Std. – Vorderkaser 1.45 Std.

Heute steht eine Vinschgauer Höfewanderung par excellence bevor, hoch am Sonnenberg entlang und gespickt mit Eindrücken, die uns vom bewundernswerten Leben der Bergbauern erzählen. Von Giggelberg wandern wir weiter quer durch die Hänge, passieren bald einmal den Schindelbachgraben und kommen für kurze Zeit auf die Zufahrt nach Hochforch (1555 m). Dahinter wieder auf einen Naturweg, der sich nun dem tiefen Einriss des Lahnbachs nähert. Es handelt sich um einen doppelten, von Lärchenwäldern bestandenen Tobel, der als größtes Hindernis am ganzen

Meraner Höhenweg gilt. Jedes Unwetter ist ein potenzieller Schadensbringer, doch wird die Weganlage normalerweise zuverlässig instand gehalten. Sie besteht hier vielfach aus Stiegen mit Seilgeländer, die in abschüssigem Terrain Stabilität gewährleisten. Nach steilem Abstieg geht es mit kurzem Zwischenanstieg in den zweiten Graben und dann kräftig steigend aus der wilden Schlucht heraus, ehe man um das Schnatzer Egg herum den malerischen Pirchhof (1445 m) ansteuert.

Von dort folgen wir ein Stück der Zufahrt bergab, bis wir rechts Richtung Grub (1377 m) einbiegen können. Nach einer Wiesentraverse stehen wir plötzlich auf einer nagelneuen Hängebrücke, die man eher als übertrieben empfinden kann, denn der Bachgraben kurz vor Galmein (1384 m) bedeutet eigentlich kein arges Hindernis. Nächster, etwas höher gelegener Hof am Naturnser Sonnenberg ist der Innerforch (1470 m), ehe man um den offenen Hangrücken des Patleidecks herumzieht und bei Lint (1464 m) wieder kurzzeitig ein Sträßchen betritt. Allmählich öffnet sich das Schnalstal und lässt uns die hohen Berge des Alpenhauptkamms erahnen.

Die Traverse nach Innerunterstell (1470 m), hoch über der Schnalser Schlucht, zählt zu den reizvollsten Passagen des Tages. Wieder eine Einkehrmöglichkeit, es geht wirklich Schlag auf Schlag, sodass selbst bei heißer Witterung niemand verdursten muss. Ein Stück weiter zeigt sich bei Wald (1505 m) eine hübsche Kapelle, während bei Kopfron (1436 m) erneut ausgeschenkt wird. Nach dem Wandhof senkt sich die Trasse bis zu einem Graben, um linker Hand zur aussichtsreichen Geländeschulter von Unterperfl (1417 m) anzusteigen. Bald dahinter gabelt sie sich, wobei der Meraner Höhenweg das fantastisch gelegene Bergdorf Katharinaberg (1245 m) links liegen lässt und stattdessen den Waldhang oberhalb schneidet. Katharinaberg selbst, mit seinem hoch aufgerichteten Kirchturm über dem Schnalstal unverwechselbar, wird aber auch häufig als Start- bzw. Endpunkt gewählt.

Nach einer horizontalen Querung gilt es wieder etwas anzusteigen, und zwar bis zum Sträßchen nach Montfert (1471 m), einem besonders schmucken Paarhof in ausgesuchter Lage. Gleich dahinter übernimmt neuerlich ein Steig die Führung, wobei der Höfereigen nun vorerst hinter uns liegt. Wir queren steile Trockenhänge mit anspruchsloser Vegetation und kommen in leichtem Auf und Ab zu einem Wiesenrücken, wo unser Weg markant nach rechts ins Pfossental einschwenkt. Durch einen ausgedehnten Waldhang büßt man etwas Höhe ein, tangiert hinter Infangl kurz die Fahrstraße, bleibt aber rechts davon und lenkt seine Schritte allmählich aufwärts dem Tagesziel entgegen: Vorderkaser mit dem Gasthof Jägerrast (1693 m), ein von Wanderern und Ausflüglern rege besuchter Fleck am Ende der öffentlichen Straße.

Blumenschmuck beim Pirchhof

Vorderkaser – Pfelders

»Höhepunkt« am Eisjöchl

2.3

Unterwegs im Pfossental, wo die Marmorfelsen der Hohen Weiße ins Auge stechen

mittel | km 20 km | 6.45 Std. | 1200 Hm | 1270 Hm

Charakter: Ein in vielen Serpentinen komfortabel angelegter Weg über das Eisjöchl, bei sommerlichen Bedingungen problemlos, aber allein aufgrund der Höhenlage ernst zu nehmen. Lange Wanderstrecke, die ggf. in der Stettiner Hütte zweigeteilt werden kann.

Ausgangspunkt: Vorderkaser, Gasthof Jägerrast (1693 m)

Endpunkt: Pfelders (1628 m)

Höchster Punkt: Eisjöchl (2895 m)

Einkehr: Mitterkaser Alm, Rableid, Eishof, Stettiner Hütte, Lazinser Alm, Lazins, Zeppichl

Gehzeiten: Vorderkaser – Eishof 1.30 Std. – Stettiner Hütte 2.30 Std. – Lazinser Alm 1.45 Std. – Pfelders 1.00 Std.

Ab Vorderkaser führt uns ein breiter Weg ins Pfossental hinein, wo hinter der markanten Rechtsbiegung zuerst die Mitterkaser Alm (1954 m) und ein Stück weiter die Rableidalm (2004 m) auftauchen. Oberhalb der Waldgrenze empfängt uns dann der Eishof (2071 m), der bis zum 19. Jahrhundert ganzjährig bewohnt war und damals die höchste Dauersiedlung der gesamten Ostalpen darstellte. Heute hat man die Idylle vor Augen, aber was war wohl im Winter, wenn Lawinen drohten und sich der Schnee meterhoch türmte?

Mit Blick auf die Dreitausender im Talschluss – die mit ihrem Marmorgestein so augenfällige Hohe Weiße sowie links der Jochsenke die dunkelfelsige Hohe Wilde – nehmen wir jetzt den weiteren Anstieg

Die Stettiner Hütte liegt nahe dem Scheitelpunkt des Meraner Höhenwegs.

Richtung Eisjöchl in Angriff, vorerst einmal über angenehme Mattenböden. Nach einiger Zeit beginnt der alte, in den Zwanzigerjahren vom Militär gefügte Karrenweg mit den ersten Serpentinen. Die Steigung ist auf der ganzen Strecke nur mäßig. Im oberen Teil orientiert man sich mehr nach links und absolviert schließlich in schon ziemlich kargem Gelände die letzten Kehren zum Eisjöchl (2895 m): der buchstäbliche Höhepunkt der Tour! Gleich dahinter erwartet uns die Stettiner Hütte (2875 m), die nur während dreier Monate (Juli bis September) ihre Pforten offen hält.

Auf der Pfelderer Seite bietet sich ein ähnliches Bild. Das Hochtal hängt zwischen himmelhohen Flanken, besonders steil der Abfall des Ötztaler Hauptkamms. Unsere Wegtrasse freilich präsentiert sich abgesehen von ein paar losen Steinen auch hier bestens. Sie windet sich ausgiebig talwärts, zwischendurch mit dem Abzweig des Pfelderer Höhenwegs. Bei einer flachen Schwelle hält man ein Stück rechts hinüber, nähert sich einer Felswand, reiht weiterhin Kehre an Kehre und lässt diesen Zickzackkurs nach einer weiteren Rechtstraverse zur Lazinser Alm (1860 m) auslaufen. Lieblichkeit umschmeichelt uns auf den Böden neben dem Pfelderer Bach, während aus den Steilflanken die Silberfäden gletschergespeister Wasser talwärts ziehen. Eine gute Stunde noch lässt es sich gemütlich hinausbummeln, zunächst zum Lazinser Hof (1772 m) und schließlich auf der linken Bachseite über den Weiler Zeppichl bis in den Talort Pfelders (1628 m).

2.4 Pfelders – Magdfeld

Durchs waldreiche Hinterpasseier

Höfe im Kalmtal

leicht | km 21 km | 7 Std. | 750 Hm | 1220 Hm

Charakter: Abschnittsweise Forst- und Höfestraßen, teils aber auch kleinere Naturwege, nirgends ausgesetzt oder anderweitig problematisch. Die Etappe ist allerdings ziemlich lang, insbesondere wenn man sie komplett zu Fuß absolviert (bis Außerhütt per Bus möglich).

Ausgangspunkt: Pfelders (1628 m)

Endpunkt: Magdfeld (1150 m)

Höchster Punkt: Pfelders

Einkehr: Bergkristall, Innerhütt, Christl, Matatz

Gehzeiten: Pfelders – Außerhütt 1.30 Std. – Ulfas 1.30 Std. – Christl 1.15 Std. – Matatz 1.00 Std. – Magdfeld 1.45 Std.

Ab Pfelders bleiben wir meist auf der linken Bachseite, wechseln vorübergehend nach rechts auf die Straße und ein zweites Mal beim Gasthaus Bergkristall. Gegenüber dient eine steile Felswand als Klettergarten. Knapp 30 Minuten später gelangen wir nach Innerhütt (1444 m) und anschließend nach Außerhütt (1457 m), wo sich unser Weg endgültig von der Pfelderer Straße verabschiedet. Es sei nicht verschwiegen, dass für diesen Streckenabschnitt häufig der Linienbus benutzt wird.

Kurz hinter der Bushaltestelle lotst uns die Markierung des Meraner Höhenwegs rechts auf eine ansteigende Forststraße, die bald auf einen kleineren Waldsteig verlassen wird. Man geht das Farmazontal aus und achtet drüben auf die richtige Fortsetzung halbrechts. Ein längeres, bequem durch den Tassachwald ziehendes Forstwegstück bringt uns als Nächstes in den offenen Streuweiler Ulfas (1328 m), wobei uns schon vorher ein toller Durchblick in das hinterste Passeiertal mit der Ortschaft Moos verblüfft. Ulfas selbst darf sich gegenseitig mit dem Sonnendorf Stuls grüßen, das sich vis-à-vis auf gleicher Höhe unter dem Kreuzspitzkamm hinbreitet. Zwischen den Höfegruppen sollten wir jetzt gut auf die Beschilderung achtgeben, folgen doch mehrere kleinräumige Richtungswechsel, ehe wir uns auf dem »Nellinger Höhenweg« befinden. Die schwäbische Alpenvereinssektion unterstützte den nun bevorstehenden Abschnitt finanziell und wurde daher namentlich verewigt. Im Auf und Ab gilt es den Graben des Saldernbachs auszugehen, dann folgen in Abständen die Gehöfte von Gögele, Glauben und Gorges, jedes mit seiner eigenen Rodungsinsel inmitten des dunklen Kammerwaldes. Auf einer Asphaltstraße laufen wir im Weiler Christl (1132 m) ein, wo der Unterchristlhof zur Einkehr lädt. Vom hohen Hangrücken blickt man wunderbar auf St. Leonhard sowie durchs Waltental zum Jaufenpass. Links formiert sich die Südfront der Stubaier Alpen, rechts der Sarntaler Westkamm.

Über Christl hinaus vollziehen wir auch die markante Biegung des Passeiertals mit und wandern nun in Südrichtung. Die Fahrstraße zieht am Lockengeierhof vorbei, ehe zwischen Hausfeld (1096 m) und Thal ein schmalerer Pfad einige Gerinne übersetzt. Drüben wieder auf eine Höfestraße, die zum nahen Eggerhof (1022 m) – er soll im Ursprung bis ins 13. Jahrhundert zurückreichen – und in minimaler Gegensteigung nach Matatz führt. Wem nun schon allmählich die Müdigkeit in die Beine kriecht, kann sich hier einquartieren: entweder im Krusterhof (1052 m) oder etwas oberhalb im Valtelehof (1100 m).

Ansonsten steht im Wechsel zwischen steileren Pfaden und der Höfestraße ein deutliches Abwärtsstück an, das über den Gruberhof hinaus bis zum tiefsten Punkt des gesamten Meraner Höhenwegs leitet. Dieser liegt auf rund 800 Meter Seehöhe im Kalmtal, wo sich ebenfalls schöne Anwesen ins Landschaftsbild fügen. Auf der anderen Seite des Einschnitts sind nochmals gut 300 Meter anzusteigen, bis wir zuletzt über das Zufahrtssträßchen beim aussichtsreich gelegenen Gasthaus Magdfeld (1150 m) eintreffen.

Auf der Höhe von Christl blickt man über St. Leonhard ins Waltental.

2.5

Magdfeld – Hochmuth

Ausklang in der Außerpasseirer Höfewelt

Gand über dem Passeiertal, Zwischenstation auf der letzten Etappe

leicht | km 13,2 km | 5 Std. | 750 Hm | 560 Hm

Charakter: Gute Wanderwege und einige Straßenabschnitte, häufig durch bewaldete Areale und immer wieder durch Streusiedlungen am Hang. Kurze steilere Passagen, zumeist aber gutmütig.

Ausgangspunkt: Magdfeld (1150 m)

Endpunkt: Hochmuth (1361 m)

Höchster Punkt: Hochmuth

Einkehr: Brunner, Bergrast, Walde, Longfallhof, Talbauer

Gehzeiten: Magdfeld – Vernuer (Brunner) 2.00 Std. – Bergrast 0.40 Std. – Longfallhof 0.50 Std. – Talbauer 1.00 Std. – Hochmuth 0.30 Std.

Beim Gasthaus Magdfeld schlagen wir einen anregenden Hangweg ein, der lichte Gehölze und steile Ziegenweiden schneidet, später dann durch dichteren Wald bis in die Nähe des Schafflerhofs (1004 m) zieht. Hier nimmt uns eines der typischen Bergsträßchen auf, welche die Anrainer mit der Außenwelt verbinden. Man kann das Bedürfnis nachvollziehen, obschon jedes Asphaltband unsere wunschgemäße Idylle ein klein wenig beeinträchtigt. Nach einer Weile Gegenanstieg erreichen wir Gand und Gstear und damit wieder einen reizvollen Naturweg, der nun das tief eingefurchte Saltauser Tal ausgeht (eine Passage gesichert). Immer wieder ergeben sich prächtige Ausblicke passerauf- und passerabwärts, wobei uns besonders das Höfeambiente am Steilhang fasziniert. Dieses prägt auch den Streuweiler Vernuer mit

Blick über die am Steilhang klebenden Muthöfe zum Ifinger

dem fantastisch gelegenen Gasthaus Brunner (1095 m).
Beim Parkplatz ein Stück weiter geht man rechts die Straße hoch, um an beschilderter Stelle einen parallel geführten Waldsteig einzuschlagen. Er führt zu den Zeisolthöfen und zum Gasthof Bergrast (1178 m). Dahinter öffnet sich mit dem Spronser Tal der größte Einschnitt im Osten der Texelgruppe. In einer großzügigen Abwärtstraverse wandern wir hinein und kreuzen kurz nach dem bewirtschafteten Longfallhof (1075 m) den Spronser Bach. Spätestens hier wird man zumeist mit erhöhter Betriebsamkeit konfrontiert, streckt doch das touristische Meraner Kerngebiet seine Fühler aus.
An dem schattigen Waldhang des Mutkopfes weisen die Markierungen wieder aufwärts, bald sogar in überraschend steilem Zickzack. Wir müssen den gesamten Berghang umkurven, um dahinter ins Reich der Muthöfe mit dem stark frequentierten Gasthaus Talbauer (1209 m) zu gelangen. Welch Bilderbuchszenerie über dem Geländerücken von Dorf Tirol! Prinzipiell könnte man an dieser Stelle talwärts abdrehen, um direkt nach Dorf Tirol zu gelangen. Aber warum nicht noch einmal eine halbe Stunde lang bergauf steigen, um beim Gasthaus Hochmuth (1361 m) den Rundenschluss gebührend zu feiern und erst nach einer ausgiebigen Schaurast hoch über den Dächern von Meran mit der Seilbahn sanft hinabzuschweben ...

Seeauge im Hohen Trog, beim Übergang zur Teplitzer Hütte

3

Die 13-Hütten-Tour

Alpinroute zwischen Brenner und Meran

3

Die 13-Hütten-Tour

Alpinroute zwischen Brenner und Meran

Bergsilhouetten über dem Pflerschtal; links der gewaltige Tribulaun

schwierig | km 84 km | 8 Tage | 7300 Hm | 7100 Hm

Charakter: Ausgesprochene Hochgebirgstour, immer wieder raue Pfade und ausgesetzte Passagen, zudem eine oder zwei Gletscherbegehungen, selten leichtes Terrain. Dies bedingt umfassende alpine Erfahrung. Einige lange Übergänge erfordern zudem tadellose Kondition, obgleich kürzere Abschnitte zwischendurch für Ausgleich sorgen. Zahlreiche 3000er-Besteigungen lassen sich einbauen. Von den Gesamtanforderungen eindeutig die anspruchsvollste Tour in diesem Buch.

Markierung: Keine einheitliche Bezeichnung, es gelten lokale Wegnummern

Ausgangspunkt: Außerpflersch, bei der Ansiedlung Kieserengern (1109 m). Von Sterzing aus mit der Buslinie ins Pflerschtal zu erreichen.

Endpunkt: Bergstation der Hochmuthbahn (1361 m). Von der Talstation in Dorf Tirol Busverbindung zum Bahnhof Meran.

Höchster Punkt: Becherhaus (3196 m) und Aglsspitze (3194 m)

Beste Jahreszeit: Generell nur zwischen Juli und September, wenn alle Hütten offen und die Verhältnisse günstig sind

Karten: Tabacco, 1:25 000, Blätter 038 »Sterzing – Stubaier Alpen«, 039 »Passeiertal« und 011 »Meran und Umgebung«

»Trekking hochalpin«

Geografen verstehen den Alpenhauptkamm als Rückgrat des Gebirges, als Trennlinie zwischen Nord und Süd sowie als Hort strenger klimatischer Bedingungen, wo die urweltlichen Elemente Eis und Fels ihr Regiment führen. Gestandene Bergsteiger hat gerade dieses Charisma stets besonders angezogen. Und so entstand, nachdem Pioniere die Hochgipfel erstmals erklommen hatten, eine ganze Reihe von Berghütten, um solche Besteigungen einer breiteren Anwärterschaft zu erleichtern. Dabei reifte auch die Idee, diese zum Zwecke großzügiger Durchquerungen untereinander zu vernetzen. Initiatoren waren meist diverse Sektionen des Alpenvereins.

Nach einer Zeit politischer Wirrungen – mit zwei Weltkriegen und deren Spätfolgen – sind die hochalpinen Stützpunkte auf Südtiroler Seite des Alpenhauptkamms zumeist wieder erfolgreich reaktiviert worden. Darüber hinaus schlossen sich in den Neunzigerjahren 13 Hüttenwirte in den südlichen Stubaier und Ötztaler Alpen unter einem gemeinsamen Dach zusammen und propagierten das alpine Trekking in dieser Region. Zwar kann man auf einem durchgängigen Kurs nicht alle besuchen, dafür aber jederzeit wiederkommen, um auch die Varianten noch auszuprobieren. Freilich muss man sich bei dieser Tour auf gehörige Mühen und vor allem kniffliges Gelände einstellen. Die breit ausgetretene Promenade ist die Ausnahme, denn meistens bewegen wir uns inmitten der alpinen und nivalen Stufe, wo die Fährnisse des Hochgebirges besonders zum Tragen kommen. Meran ist sozusagen nur das verheißungsvolle Ziel, die von mediterraner Aura umwobene Belohnung am Ende eines anspruchsvollen sieben- bis neuntägigen Marsches.

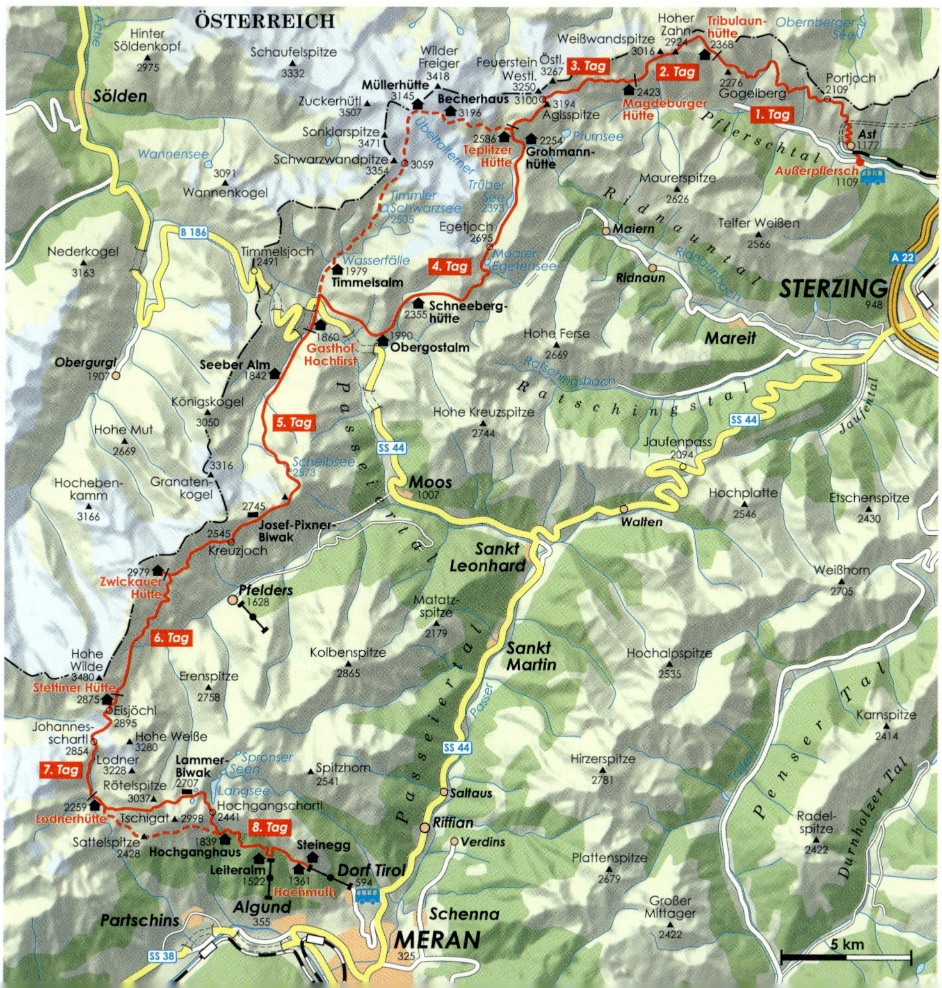

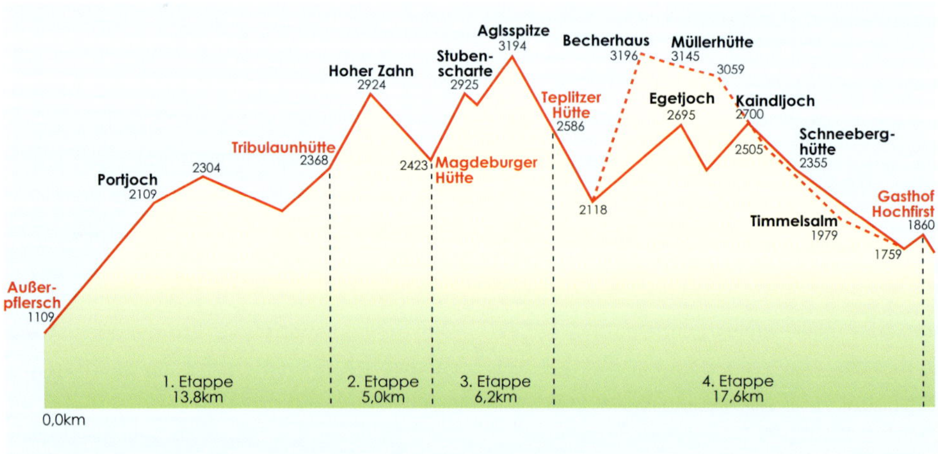

Die Etappen im Überblick

- 1. Tag: Außerpflersch – Tribulaunhütte, 7.00 Std.
- 2. Tag: Tribulaunhütte – Magdeburger Hütte, 3.45 Std.
- 3. Tag: Magdeburger Hütte – Teplitzer Hütte, 5.00 Std.
- 4. Tag: Teplitzer Hütte – Gasthof Hochfirst (via Schneeberg), 7.45 Std.
- 4. Tag: Teplitzer Hütte – Gasthof Hochfirst (via Becherhaus), 7.30 Std.
- 5. Tag: Gasthof Hochfirst – Zwickauer Hütte, 8.00 Std.
- 6. Tag: Zwickauer Hütte – Stettiner Hütte, 4.00 Std.
- 7. Tag: Stettiner Hütte – Lodnerhütte, 3.00 Std.
- 8. Tag: Lodnerhütte – Hochmuth (Dorf Tirol), 6.30 Std.

Übernachtungsmöglichkeiten

Tribulaunhütte (2368 m), CAI, Anfang Juli bis Ende September, Tel. 0472/632470

Magdeburger Hütte (2423 m), CAI, Ende Juni bis Ende September, Tel. 0472/632472

Teplitzer Hütte (2586 m), CAI, Ende Juni bis Ende September, Tel. 0472/656256

Schneeberghütte (2355 m), privat, Ende Mai bis Ende Oktober, Tel. 0473/647045

Becherhaus (3196 m), CAI, Anfang Juli bis Mitte September, Tel. 0472/656377

Müllerhütte (3145 m), CAI, Ende Juni bis Mitte September, Tel. 0472/647373

Gasthof Hochfirst (1860 m), privat, Mai bis November, Tel. 0473/647040

Josef-Pixner-Biwak (2745 m), unbewirtschaftete Biwakschachtel

Zwickauer Hütte (2979 m), CAI, Anfang Juli bis Ende September, Tel. 0473/646002

Stettiner Hütte (2845 m), CAI, Anfang Juli bis Ende September, Tel. 0473/646789

Lodnerhütte (2259 m), CAI, Ende Juni bis Ende September, Tel. 0473/967367

Eugen-Guido-Lammer-Biwak (2707 m), unbewirtschaftete Biwakschachtel

Hochganghaus (1839 m), privat, Anfang Juni bis Ende Oktober, Tel. 0473/443310

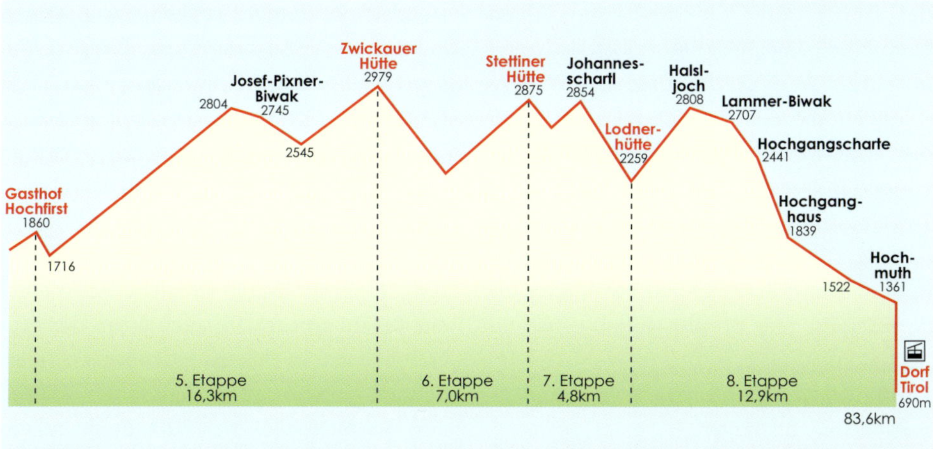

Steigerung zum Tiroler Höhenweg

Seit einigen Jahren kursiert auch eine Weitwanderroute, die im Zillertal ihren Ausgang nimmt und auf ähnlicher Streckenführung ebenfalls Meran zum Ziel hat. Sie firmiert unter dem Label »Tiroler Höhenweg«, besitzt nach Auffassung des Autors jedoch nicht ganz das Kaliber unserer 13-Hütten-Tour. Offenbar möchte sie einen erhöhten Anspruch vermeiden, womit allerdings gleichzeitig einige der eindrucksvollsten Winkel ausgespart bleiben, vor allem auf

Stolzer Gipfel im Alpenhauptkamm: die Hohe Wilde

den Höhenrouten unmittelbar am Alpenhauptkamm. Deshalb richtet sich das Angebot an dieser Stelle bewusst an alle Bergwanderer, die auch Bergsteiger sind, denen die 3000-Meter-Linie ebenso wenig ein Hindernis bedeutet wie eine gelegentliche Traverse über Gletschereis oder eine klettersteigartig ausgebaute Passage. Aus eigener Erfahrung lässt sich nur bestätigen, wie bereichernd die Impressionen aus der hochalpinen Welt sind und wie stark die Kontraste, wenn wir letztlich wieder in die milden Täler absteigen.

Von der Tribulaun- in die Texelgruppe

Die Tour selbst lässt sich grob in zwei Hälften gliedern, die alpingeografisch den Stubaier und Ötztaler Alpen angehören. Wer sich zu Anfang für den anspruchsvollen Pflerscher Höhenweg entscheidet, beginnt sie gleich mit einem Paukenschlag. In den Flanken der Tribulaungruppe, jener steilfelsigen Dolomitbastion über dem Pflerschtal, fühlt man sich bereits im Höhenrausch. Das setzt sich auf der zweiten, kürzeren Etappe zwischen Tribulaun- und Magdeburger Hütte wunderbar fort, ehe man am dritten Tag erstmals mit Gletschereis in Berührung kommt. Dabei ist sicherheitshalber ein Seil zu empfehlen, auch wenn der Feuersteinferner in seinem Hochbecken kaum Spalten aufweist. Die Aglsspitze erweist sich als buchstäblicher Höhepunkt, bevor wir zur Teplitzer Hütte absteigen. Blickfang ist dort bereits die riesige Arena des Übeltalferners, der als größtes Eisfeld Südtirols beinahe arktische Assoziationen hervorruft. Erfahrene Bergsteiger werden jetzt womöglich die Toproute via Becherhaus und Müllerhütte einschlagen, um mit den höchsten

Am Becherhaus lässt sich eine traumhafte Abendstimmung einfangen.

Gipfeln der Stubaier Alpen so richtig auf Tuchfühlung zu gehen. Dem Normalwanderer steht freilich eine eisfreie Alternative offen, die mit ihrem Seenreichtum und den herben Karlandschaften ebenfalls Reizvolles bietet und zudem Einblicke in das ehemalige Bergbaugebiet am Schneeberg gewährt. In jedem Fall kommen die Routenstränge an der Timmelsjochstraße wieder zusammen, um hernach in die Ötztaler Alpen überzutreten.

Tiefblick ins Pfelderer Tal

Über die Gletscher zu den Palmen

Dort steht Richtung Zwickauer Hütte die längste und wohl auch einsamste Etappe auf dem Programm: aus dem Seebertal bis auf die Schulter des mächtigen Seelenkogels hoch über Pfelders. Die Verbindung zur Stettiner Hütte an der Hohen Wilde ist dann die logische Verlängerung auf dem Pfelderer Höhenweg, bevor man tags darauf quasi durchs Hintertürl in die Texelgruppe schlüpft. Dieses Gebiet, ein recht eigenständiges südliches Anhängsel der Ötztaler Alpen, ist dem Verfasser ob seiner enormen landschaftlichen Vielfalt seit Langem ans Herz gewachsen. So wird der Bogen, den wir dort via Lodnerhütte und Hochganghaus ausführen, gespickt sein mit weiteren Glanzlichtern. Abermals hat man die Qual der Wahl, entweder zugunsten seengeschmückter Hochkare oder für den luftigen Franz-Huber-Steig am sonnigen Südhang der Texelgruppe. In jedem Fall verläuft der Ausklang auf einer Panoramameile hoch über Meran, das uns nach Tagen strengen Hochgebirges mit ganz anderem Flair betört …

Außerpflersch – Tribulaunhütte

Der Pflerscher Höhenweg

3.1

Der Pflerscher Höhenweg zählt zu den spannendsten Panoramarouten Südtirols.

schwierig | km 13,8 km | 7 Std. | 1650 Hm | 390 Hm

Charakter: Zuerst ein 1000-Meter-Zustieg über einen kehrenreichen einstigen Militärweg, danach ein anspruchsvoller, häufig ausgesetzter Flankensteig. Etliche Passagen auf Bändern und in steilem Geschröf sind gesichert, in manchen Lawinengräben kann bis in den Sommer hinein Altschnee liegen. Ausgeprägte Trittsicherheit und Schwindelfreiheit unerlässlich, zudem gute Kondition.

Ausgangspunkt: Örtlichkeit Kieserengern in Außerpflersch (1109 m, Bushaltestelle)

Endpunkt: Tribulaunhütte (2368 m)

Höchster Punkt: Tribulaunhütte

Einkehr: Zwischendurch keine

Gehzeiten: Außerpflersch – Portjoch 3.00 Std. – Koggraben 2.00 Std. – Tribulaunhütte 2.00 Std.

Es gibt natürlich auch einen kürzeren und leichteren Zustieg zur Tribulaunhütte, doch wer die Zeit und die nötigen physischen Voraussetzungen mitbringt, erlebt mit dem Pflerscher Höhenweg gleich einen fulminanten Auftakt. Bevor wir allerdings die verwegen durch die Steilflanken lavierende Route einschlagen können, gilt es Höhenmeter zu sammeln: Wir rücken von der Pflerscher Straße in Richtung des abseits gelegenen Weilers Ast (1177 m) ab und nehmen kurz davor nach Beschilderung »Portjoch« den Steig Nr. 32 auf. Dieser schraubt sich ganz im Stil einer ehemaligen Militär-

Variante: Aufstieg von Innerpflersch

Wer es zum Auftakt weniger anspruchsvoll bevorzugt, begibt sich vom Endpunkt der Buslinie in St. Anton (1246 m) taleinwärts Richtung Hinterstein und wählt bei der Gabelung den Hüttenweg Nr. 8. Mit etlichen Windungen lassen wir den Wald unter uns, passieren nach rechts einen Wasserfall und finden einen Durchschlupf inmitten steilerer Schrofen. Nach dem Rastplatz an einem Eck geht es durch die Hangmulde des Gansörbachs weiter aufwärts bis zur Vereinigung mit dem Pflerscher Höhenweg. Gehzeit bis zur Tribulaunhütte etwa 3.15 Std.

trasse durch den Waldvorbau nach oben. Eine Rinne kreuzend kommt man zum Geländeeck am Wieskopf, quert unterhalb des Kammes weit nach links hinüber und ersteigt mit ein paar letzten Kehren das Portjoch (2109 m) an der Grenze zu Nordtirol. Jetzt können wir auch einen Blick ins Obernberger Tal werfen.

In den folgenden vier Stunden zieht der Pflerscher Höhenweg (Nr. 32a) eine beeindruckend verwinkelte Linie durch den gesamten Südabsturz der wilden Tribulaungruppe, windet sich um Rippen und Rinnen und nutzt immer wieder schmale Bänder. Erste grasige Vorsprünge querend (an einer Stelle Bildstock mit Rastbank), gelangen wir in die Hänge unterhalb der Wildgrabenalm und weiter zum ausgeprägten Brandegg (2304 m), wo man in den abschüssigen Teisslgraben einbiegt. Viele Drahtseile entschärfen dessen heikle Traverse. Hinter der nächsten Kante schwenken wir scharf nordwärts und tauchen nach weiteren Rinnenquerungen und einer steilen gesicherten Abwärtspassage in den markantesten aller Einschnitte ein: Gespeist aus dem Schneetal bricht nach unten der Koggraben ab. Wir kreuzen auf die gegenüberliegende Seite und haben auch dort mit einem verschlungenen Verlauf zu rechnen. Das Gelände legt sich immer wieder in Rinnen und Falten, die alle auszugehen sind. Nach einigem kleinräumigen Auf und Ab erreichen wir den Mesnergraben, wo oft ein Lawinenschneefeld überdauert. Nun befinden wir uns unmittelbar am Felssockel des massigen Pflerscher Tribulaun, doch zu unserer Überraschung sind die kniffligsten Hürden damit passé. Was noch bevorsteht, ist ein kräftiger Gegenanstieg zur Geländeschwelle am Gogelberg (2276 m). Dahinter wird eine Schutthalde gequert, ehe man gemeinsam mit dem normalen Hüttenweg (Nr. 8) in Bälde bei der Tribulaunhütte eintrifft. Nebenan bezaubert der Sandessee.

Der Sandessee nahe der Tribulaunhütte, dahinter das Goldkappl

Tribulaunhütte – Magdeburger Hütte

Über den Hohen Zahn

3.2

Hoher Zahn (rechts) und Weißwand, die an ihrer auffälligen Gesteinsnaht zu erkennen ist

mittel | km 5 km | 3.45 Std. | 650 Hm | 600 Hm

Charakter: Hochalpiner Übergang bis nahe der 3000-Meter-Marke, naturgemäß viel Blockschuttgelände. Dennoch über weite Strecken gut angelegter Steig, aber je nach Verhältnissen einige kritische Stellen zwischen Hohem Zahn und dem Band an der Weißwand, besonders bei Schneelage.

Ausgangspunkt: Tribulaunhütte (2368 m)

Endpunkt: Magdeburger Hütte (2423 m)

Höchster Punkt: Hoher Zahn (2924 m)

Einkehr: Zwischendurch keine

Gehzeiten: Tribulaunhütte – Hoher Zahn 1.50 Std. – Magdeburger Hütte 1.55 Std.

Der Bergkessel mit dem Sandessee, direkt unter den Westabbrüchen des Pflerscher Tribulaun, zählt gewiss zu den schönsten Winkeln dieser Tour. Da die Fortsetzung zur Magdeburger Hütte eigentlich nur ein Halbtagsprogramm ist, können wir ihn am Morgen durchaus noch länger auskosten. Irgendwann aber brechen wir auf, zunächst nordwärts Richtung Karschluss. Man verlässt die Route zum sichtbaren Sandjöchl und hält sich links. Der Steig ist gut mit Platten ausgelegt. Nach einer Weile tangiert man die Kante des Hauptkamms und erhascht einen ersten überraschenden Blick auf die Berge des hinteren Gschnitztals, wendet sich aber wieder davon ab und überschreitet eine flachere Terrasse, die zum Ostrücken des Hohen Zahns auf-

Erreichbar von: Pflersch / Stein Nr. 6: 2½ h
Ausgangspunkt für: Bremer Hütte: 4½ h; Weißwandspitze: 2½ h; Weißwand – Hoher Zahn – Tribulaunhütte: 3 h; Gschnitzer Tribulaunhütte: 5 h; Schneespitze: 2½ h; Teplitzer Hütte: 5 h; Becherhaus: 7 h; Stubensee: 1 h;

Magdeburger Hütte 2423 m

des Braunhofer Rudolf/CAI Sterzing

39040 Ratschings Ridnaun Ried 12/A
braunhofer.rudi@gmail.com
www.magdeburger.13h.de
Telefon Saison: 0472 632472
Außer Saison: 346 7346798

- **Geöffnet von Anfang Juni bis Ende September**
- **35 Betten, 20 Lager und 10 Notlager**
- **Südtiroler Spezialitäten**

schließt. Zwar passiert die Route den Gipfel in weiterer Folge knapp südseitig, doch wird an dieser Stelle wohl niemand die wenigen Schritte bis zum höchsten Punkt (2924 m) auslassen. Die Rundsicht ist bestechend: Direkt nebenan reckt die Weißwand ihre helle Marmorhaube, die einem großen, dunklen Urgesteinssockel aufsitzt, in den Himmel. Ihre mürbe Nordwand bricht beängstigend jäh gegen den Gschnitzer Talschluss ab. Etwas mehr auf Distanz gerückt ist hingegen der mächtige Pflerscher Tribulaun, den wir jetzt erst in voller Größe erfassen. Und Richtung Nordtirol avanciert sicherlich der stolze Habicht zum Schaustück Nummer eins.

Auf der Westseite des Hohen Zahns geht es schräg rechts in die Trennscharte zur Weißwand hinab. Der folgende Gegenanstieg hält dann unsolides Trümmergelände bereit und kann bei Schnee oder Vereisung unangenehm werden. Das gilt auch für die Traverse auf dem markanten Horizontalband an der Weißwand. Wir laufen hier direkt an der besagten Gesteinsnaht entlang! Bei schneefreien Bedingungen kommt man im Allgemeinen problemlos hinüber zum Abstiegshang, wobei erfahrene Bergsteiger vom Ende des Bandes sogar einen Gipfelabstecher einflechten und damit die Dreitausendermarke knacken könnten. Ansonsten halten wir uns an einen wenig ausgeprägten Geländerücken, der in den Kessel der Schafflecke hinunterleitet. Der Untergrund wechselt allmählich von Schotter zu spärlichem Grün. Um ein Eck setzen wir zur Traverse unter einer Schrofenwand an und erreichen schließlich am Stubensee vorbei die etwas erhöht gelegene Magdeburger Hütte. Sie thront ziemlich genau in der Verlängerung des Pflerschtals.

Landschaft bei der Magdeburger Hütte

Magdeburger Hütte – Teplitzer Hütte

Gletscheretappe über Feuersteinferner und Aglsspitze

3.3

Der Feuersteinferner wird Richtung Aglsspitze überschritten.

schwierig | 6,2 km | 5 Std. | 880 Hm | 720 Hm

Charakter: Hochalpiner Übergang mit Gletscherbegehung, nicht gerade spaltenreich, aber Aufmerksamkeit und ausreichende Sichtbedingungen wichtig. Steigeisen und eventuell auch Seil. Ausgesetzte Passagen zwischen den Resten des Stubenferners und dem Feuersteinferner (Drahtseile), Stellen im I. Grad an der Aglsspitze. Sonst Gletscherschliff- und Blockschuttgelände.

Ausgangspunkt: Magdeburger Hütte (2423 m)

Endpunkt: Teplitzer Hütte (2586 m)

Höchster Punkt: Aglsspitze (3194 m)

Einkehr: Zwischendurch keine

Gehzeiten: Magdeburger Hütte – Südliche Stubenscharte 1.45 Std. – Magdeburger Scharte 1.30 Std. – Aglsspitze 0.30 Std. – Teplitzer Hütte 1.15 Std.

Von der Magdeburger Hütte brechen wir mit Nr. 6 in westlicher Richtung auf. Zwischen kupierten Gletscherschliffen vollzieht der Steig zahlreiche Windungen und passt sich geschickt dem Gelände an, ohne jemals steil zu werden. Die Abzweigungen zur Schneespitze ignorierend, bleiben wir nahe dem Kamm zur Linken, der später direkt berührt wird. Wo seine Zerklüftung zunimmt, weichen wir auf das Eis des Stubenferners aus, bis über einen kurzen Bröselhang der Überstieg auf die andere Gratseite gelingt. Dieser Punkt heißt Südliche Stubenscharte (2925 m). Jenseits wird zuerst problemlos eine geröllige Hangmulde ausgegangen, ehe wir uns plötzlich auf einem exponierten Felsband wiederfinden. Mit Drahtseilen gesichert, läuft es durch einige kleine Nischen. Dann lotst uns die Markierung abwärts, über eine abermals gesicherte Stufe und zum Rand des Feuersteinferners, der auf rund 2850 Meter Höhe betreten wird. Das technisch schwierigste Stück des Tages, die Traverse des Schneespitz-Südostgratausläufers, liegt damit hinter uns.

Der Gletscher öffnet nun ein flaches Becken, in dem nicht allzu viele Spalten lauern sollten, und steilt nur vorübergehend etwas auf. Solch eine Traverse, im Licht eines klaren Morgens, hat immer etwas Feierliches. Im Sommer ist meist eine Spur ausgetreten, außer es hat kurz zuvor Neuschnee gegeben oder das blanke Eis tritt schon zutage. Jedenfalls ist bei guter Sicht der breite Einschnitt der Magdeburger Scharte (ca. 3100 m) zwischen Westlichem Feuerstein und Aglsspitze klar auszumachen. Am Schluss halten wir uns ziemlich weit links, zumal dort am Nordwestgrat der Aglsspitze der Weiterweg ansetzt.

Ein Übertritt auf den westseitigen Hangenden Ferner kann meistens nicht mehr empfohlen werden. Stattdessen steigen wir im Fels und Blockschutt noch etwas höher und nehmen die Gelegenheit wahr, die Aglsspitze (3194 m) vollends zu erklimmen (wer darauf verzichtet, quert vorher rechts in die Flanke). Den finalen Gratfelsen wird dabei auf der rechten Seite ausgewichen, womit allenfalls Stellen im I. Grad zu meistern sind. Oben tut sich ein großartiges Panorama auf, das im Norden zwar vom nahen Stubaier Hauptkamm begrenzt wird, gen Süden aber bis in die Dolomiten reicht: einfach klasse!

Im Abstieg wenden wir uns gleich hinter dem Vorgipfel in die Südwestflanke. Steigspuren durchziehen das Blockschuttgelände hinab zum Hohen Trog, wo sich ein paar Seen in eiszeitlich ausgehobelten Wannen verbergen. Sie zaubern besonderen Glanz in die karge Umgebung rostbrauner Urgesteinsfelsen. Zwischen Gletscherschliffen geht es weiter bergab, später rechts haltend über ein kupiertes Plateau, womit den Steilriegeln oberhalb der Teplitzer Hütte (2586 m) ausgewichen wird. Wenig später erreichen wir über einen Moränenrücken und von der Gabelung kurz nach links unser Tagesziel.

Oberhalb der Teplitzer Hütte, im Hintergrund das Botzermassiv

3.4a

Teplitzer Hütte – Gasthof Hochfirst

Wanderroute über St. Martin am Schneeberg

Am 4. Tag durchstreifen wir die Bergwelt zwischen Ridnaun und Passeirer Schneeberg.

mittel | km 17,6 km | 7.45 Std. | ↑ 1050 Hm | ↓ 1780 Hm

Charakter: Sehr lange Etappe über zwei Scharten, die aber in der Schneeberghütte unterbrochen werden kann. Im Gegensatz zur hohen Route eisfrei, recht viel Blockschuttgelände und gewöhnliche Bergsteige. Elementare Trittsicherheit obligatorisch.

Ausgangspunkt: Teplitzer Hütte (2586 m)

Endpunkt: Gasthof Hochfirst (1860 m)

Höchster Punkt: Egetjoch (2695 m), Kaindljoch (ca. 2700 m)

Einkehr: Grohmannhütte, Schneeberghütte, Obergostalm

Gehzeiten: Teplitzer Hütte – Grohmannhütte 0.40 Std. – Trüber See 1.20 Std. – Egetjoch 1.00 Std. – Kaindljoch 1.45 Std. – Schneeberghütte 0.45 Std. – Obergostalm 1.00 Std. – Gasthof Hochfirst 1.15 Std.

Von der Teplitzer Hütte müssen wir heute zunächst ein beträchtliches Stück absteigen. Man folgt den gut angelegten Kehren über einen Schrofenriegel hinunter zur winzigen Grohmannhütte (2254 m) und noch etwas weiter über Gletscherschliffgelände, bis der reißende, klammartig eingeschnittene Fernerbach auf einer Hängebrücke überquert werden kann. Auf dem weitläufigen Sandboden verzweigen sich die Routen 33 und 33a. Die erstgenannte, direktere bleibt auf der linken Seite, kreuzt einen weiteren Bach und zieht über eine Anhöhe hinweg in das lang gezogene Hochtälchen der Unteren Senner Egeten. Mitten hinein bettet sich der Trübe See (2393 m), der meist in

Variante: Sieben-Seen-Weg

Entscheidet man sich auf der großen Schwemmebene unterhalb der Grohmannhütte für Nr. 33a, beschreitet man nachfolgend die Karterrasse der Oberen Senner Egeten, die mit einer ganzen Palette zauberhafter Seen und Lacken aufwartet. Die Route schlängelt sich spärlich markiert über kupiertes Gelände bis zum Hinteren Senner Egetensee, übersteigt einen Geländesattel (P. 2704) und stößt am Egetjoch wieder auf den Hauptweg (ca. 0.30 Std. länger und lohnender).

sattem Türkis erscheint. Im Blick voraus peilen wir nun das Egetjoch (2695 m) an. Jenseits geht es über eine Kalkschutthalde unterhalb der Moarer Weißen bergab zum Moarer Egetensee. Rechts daran vorbei in einen Bacheinschnitt, dem man weiter abwärts folgt, bis die Querverbindung Nr. 33b auftaucht. Dieser schwächer ausgeprägte Pfad umgeht die Ausläufer der Sprinzenwand und trifft später auf den Hauptsteig (Nr. 28) von der Poschalm Richtung Kaindljoch (2700 m). Durch den oberen Teil des Kares gewinnen wir den zweiten Übergang des Tages und blicken auf der anderen Seite in das ehemalige Knappengebiet von St. Martin am Schneeberg, das ehedem mit der Ridnauner Seite (Poschalm und bis hinunter nach Maiern) in Verbindung stand. Der gute Steig setzt sich in Kehren fort und läuft schließlich in sanftem Gefälle Richtung Schneeberghütte (2355 m) aus.

Normalerweise bietet es sich an, hier Quartier zu beziehen. Wer sich aber am folgenden Tag nicht mit einer Kurzetappe begnügen und insgesamt lieber einen Tag sparen möchte, tut gut daran, noch bis zur Timmelsjochstraße weiterzumarschieren. Der Abschnitt ist frei von jeglichen Schwierigkeiten und führt mehrheitlich bergab. Man wandert zunächst bis zum Seemoos hinunter und folgt dann Nr. 29 über den Bach nach rechts, wo ein schöner Hangweg an der Obergostalm (1990 m) vorbeizieht. Die Jausenstation selbst liegt knapp abseits. Bald darauf tauchen wir in den Schönauer Wald ein und vollenden diesen Weg bis zur Timmelsbrücke (1759 m) an der Timmelsjochstraße. Dort erwartet uns ein letzter Gegenanstieg über einen Kilometer bis zum Gasthaus Hochfirst.

Wasserfallgischt unweit der Grohmannhütte

Teplitzer Hütte – Gasthof Hochfirst

Gletscherroute über Becherhaus bzw. Müllerhütte

3.4b

Aufstieg Richtung Becherhaus im Angesicht des Übeltalferners und seines Moränensees

schwierig | km 16,5 km | 7.30 Std. | ↑ 900 Hm | ↓ 1630 Hm

Charakter: Ausgedehnte Gletschertour, die am Übeltalferner komplette Ausrüstung mit Seil und Steigeisen notwendig macht. Bei Nebel große Orientierungsschwierigkeiten. Dazu kommt am Becher ein steiler Felssteig mit etlichen Sicherungen, bei dem auch die Höhenlage zu beachten ist. Der Abstieg von der Schwarzwandscharte ist bis auf das oberste Stück relativ leicht, aber lang. Insgesamt sehr anspruchsvoll und nur für Bergerfahrene, eventuell in zwei Etappen aufteilen.

Ausgangspunkt: Teplitzer Hütte (2586 m)

Endpunkt: Gasthof Hochfirst (1860 m)

Höchster Punkt: Becherhaus (3196 m)

Einkehr: Becherhaus, Müllerhütte, Timmelsalm

Gehzeiten: Teplitzer Hütte – Becherhaus 3.00 Std. – Müllerhütte 0.40 Std. – Schwarzwandscharte 0.50 Std. – Timmler Schwarzsee 1.00 Std. – Timmelsalm 1.10 Std. – Gasthof Hochfirst 0.50 Std.

Für die Durchquerung der südlichen Stubaier Alpen gibt es noch eine Steigerung der Eindrücke, weshalb die hohe Route via Becherhaus und Müllerhütte in Abgrenzung zum vorigen Kapitel ebenfalls ausführlich beschrieben werden soll.

Bei der Teplitzer Hütte nehmen wir Steig Nr. 9 auf und queren zuerst fast horizontal den Abfluss des Hangenden Ferners. Danach geht es über die schönen Gletscherschliffe am Gamsberg langsam bergauf, wobei sich immer mal wieder ein paar Me-

Extras: Wilder Freiger (3418 m) und Wilder Pfaff (3456 m)

Wer bereits in die Gletschergefilde des Hochstubai aufgebrochen ist, möchte vielleicht auch gern auf einem der Gipfel stehen. Das Becherhaus offeriert vor allem den Wilden Freiger, der von der oberen Gletscherbucht über Südgrat und Signalgipfel erstiegen wird; Stellen im I. Grad, hin und zurück 1.45 Std. Hausberg der Müllerhütte ist der Wilde Pfaff (3456 m), berühmt vor allem aufgrund seiner legendären Zuckerhütl-Perspektive. Über den Ostgrat (I bis II) und zurück, ebenfalls 1.45 Std.

ter Höhenverlust einschalten. Oberhalb des Vogelhüttensees, der sich vor einiger Zeit an der Gletscherzunge des Übeltalferners gebildet hat, durchmessen wir eine ausgedehnte Hangbucht. Einzelne Felspassagen sind mit Drahtseil entschärft. Nach einem kräftigen Anstieg erreicht man ein Geländeeck und dreht dort rechts in den Kessel des Freigerferners ab. Ein blockreicher Felsabschnitt und flacher Moränenschotter begleiten uns hinüber zum Eisfeld, das im Bogen auf die gegenüberliegende Seite zu queren ist (eventuell Steigeisen). Damit befinden wir uns am Ansatz der Becherfelsen, an denen es noch weit und beschwerlich bergauf geht. Einige Kehren sowie ein Band leiten in die Südflanke mit eingelagerter Blockterrasse. Nach dem Abzweig der Direktroute zur Müllerhütte zieht der nun weithin gesicherte Felssteig in kompakterem Terrain nochmals steiler an, insgesamt rechts haltend bis zu einer Kante und im Zickzack das letzte Stück zum Becherhaus (3196 m) hinauf. Die höchste Hütte Südtirols bietet natürlich traumhafte Stimmungen, weshalb eine Übernachtung auf jeden Fall in Erwägung gezogen werden sollte.

Das gilt auch für die Müllerhütte (3145 m), die sich fast in Rufweite an der Pfaffennieder befindet. Über eine gesicherte Steiganlage betritt man den Übeltalferner nördlich des Bechers und begeht den Gletscher westwärts zu einem aufsteilenden Hang, die Müllerhütte zur Rechten. Auf etwa gleicher Höhe dreht der Weiterweg südwärts ab und führt durch das gesamte Hochbecken unterhalb der Sonklarspitze bis zur Schwarzwandscharte (3050 m). In Abständen kann man sich an Stangenmarkierungen orientieren. Jenseits der Scharte geht es über ein anfangs steiles Firnfeld bergab, dann auf gutem Steig (Nr. 30) zu einem Hochboden mit See. Die nächste Geländeschwelle bringt uns zum Timmler Schwarzsee (2505 m). Beim weiteren Abstieg begleiten uns auf der linken Seite die Mäander von Ober- und Unterkrumpwasser, dann gischtet der Bach über steilere Kolke und Wasserfälle. Unser Weg holt auf dieser Höhe etwas rechts aus, ehe er sich der Timmelsalm (1979 m) nähert. Von dort auf dem Güterweg hinunter zur Timmelsbrücke (1759 m) und das verbleibende Stück auf der Timmelsjochstraße zum Gasthof Hochfirst.

Die Feuersteine im Abendlicht

Gasthof Hochfirst – Zwickauer Hütte

Einsame Stunden im Hinterpasseier

3.5

Schroffe Felsgipfel stehen über dem Seebertal Kulisse.

schwierig | km 16,3 km | 8 Std. | ↑ 1670 Hm | ↓ 550 Hm

Charakter: Lange Etappe in teils beachtlicher Höhe, eher selten begangen und streckenweise nur spärlich ausgetreten, aber ausreichend markiert. Häufig grasbewachsenes Gelände, in höheren Lagen Erde und Schutt, vereinzelt ausgesetzte Passagen mit Sicherungen. Sehr gute Kondition notwendig, wobei eine moderne Biwakschachtel zwischendrin im Notfall Entlastung bringt.

Ausgangspunkt: Gasthof Hochfirst (1860 m)

Endpunkt: Zwickauer Hütte (2979 m)

Höchster Punkt: Zwickauer Hütte

Einkehr: Seeber Alm

Gehzeiten: Gasthof Hochfirst – Seeber Alm 1.00 Std. – Grubjoch 2.45 Std. – Josef-Pixner-Biwak 1.00 Std. – Kreuzjoch 0.45 Std. – Zwickauer Hütte 2.30 Std.

Der längste Tagesmarsch der Tour beginnt beim Gasthof Hochfirst mit einem kurzen Abstieg. Einige Kehren bringen uns hinunter zur Unterglaneggalm (1716 m) und damit ins Seebertal. Rechts vom Bach steigen wir mit Nr. 44 sachte aufwärts und treffen nach rund einer Stunde bei der als Jausenstation geführten Seeber Alm (1842 m) ein. Beeindruckt von der Talschlusskulisse, die mit Granatenkogel, Hohem First und ihren Trabanten stattliche Dreitausender aufwirft, wechseln wir dahinter auf die linke Bachseite und überwinden später mit einer Reihe von Kehren den Steilhang zur Hirtenhütte am Sunnenbichl (2190 m). Dort tut sich wieder eine flachere Geländeterrasse auf.

Extra: Rauhjoch (2928 m)

Wem die Tagesleistung noch nicht ganz genügen sollte: Mit dem Rauhjoch gibt es auf halber Strecke einen Mitnahmegipfel, der über den Westrücken unschwierig erreicht werden kann. Vom beschilderten Abzweig hin und zurück 0.40 Std.

Wir beschreiten die Hochweiden in südlicher Richtung und drehen allmählich gegen Südosten in den Bereich des Hinteren Seeberkars ein. In meist nur mäßiger Steilheit kommt man sukzessive in kargere Gefilde, wo der Scheibsee (2573 m) einen optischen Akzent setzt. Bald darauf erreichen wir die Kammsenke am Grubjoch (2661 m), das freilich kein eigentlicher Übergang ist, zumal die andere Seite jäh abbricht.

Vielmehr steigen wir rechter Hand im Bereich des Blockgrates noch ein Stück höher, überschreiten eine Kuppe und weichen dann auf teilweise gesicherte Bänder in der schrofig-brüchigen Südostflanke des Rauhjochs aus: ein durchaus ausgesetztes, prickelndes Intermezzo. Schräg abwärts geht es am Gipfelabzweig vorbei und in kurzem Gegenanstieg zum futuristisch anmutenden Josef-Pixner-Biwak (2745 m), das im Zuge des neu ausgerufenen Tiroler Höhenwegs (hier gleichlaufend mit unserer Durchquerung) eine Brückenfunktion einnimmt. Wer unterwegs in Schlechtwetter gerät oder sich konditionell überschätzt hat, findet an dieser Stelle eine zweckmäßig eingerichtete Bleibe. Immerhin nimmt die Fortsetzung bis zum nächsten voll bewirtschafteten Stützpunkt noch über drei Stunden in Anspruch.

Unser Pfad schneidet weiterhin die Hanglagen hoch über dem Pfelderer Tal und darf als Panoramaroute par excellence gelobt werden. Insbesondere die Texelgruppe lässt sich in vielen Einzelheiten studieren. Mit leichtem Höhenverlust passieren wir die Rippe am Kreuzjoch (2545 m) und lassen einen möglichen Talweg unberücksichtigt. Weiter mit Nr. 44 quer durch die Flanke, zwischendurch mal ein kurzes abschüssigeres Bergab, doch sonst nicht schwierig, sofern keine Bachtraversen bei hoher Wasserführung Kopfzerbrechen bereiten. Nachdem das Sandfeld hinter uns liegt, heißt es aber nochmals Kräfte mobilisieren: Über 500 Höhenmeter Gegensteigung bedeuten zum Ende eines langen Marschtages eine echte Konditionsprüfung. Wir halten uns an einen nicht sehr markanten Geländerücken und stoßen schließlich auf den Hüttenweg von Pfelders, der uns über ein Schneefeld und die Schrofen des Weißen Knott bis zur Zwickauer Hütte (2979 m) hinaufbringt. Keine Frage: Dieser Logenplatz auf fast 3000 Meter Höhe ist jede Mühsal wert!

Rückblick durchs Hintere Seeberkar

Zwickauer Hütte – Stettiner Hütte

Der Pfelderer Höhenweg

3.6

Unterwegs am Pfelderer Höhenweg

mittel | 7 km | 4 Std. | 600 Hm | 700 Hm

Charakter: Mittelschwieriger alpiner Höhensteig, der mit grundlegender Trittsicherheit beherrschbar ist. Heikle Hindernisse am ehesten an Bachtraversen und etwaigen Schneefeldern, die vor allem im frühen Sommer auftreten. Konditionell moderate Etappe.

Ausgangspunkt: Zwickauer Hütte (2979 m)

Endpunkt: Stettiner Hütte (2875 m)

Höchster Punkt: Zwickauer Hütte

Einkehr: Zwischendurch keine

Gehzeiten: Zwickauer Hütte – Bockberg 1.20 Std. – Einmündung Meraner Höhenweg 2.00 Std. – Stettiner Hütte 0.40 Std.

Obwohl Zwickauer und Stettiner Hütte fast auf gleicher stattlicher Höhe liegen, muss eine Verbindung zwangsläufig auf eine tiefere Geländeterrasse ausweichen, denn in den Steilflanken des Gurgler Kamms wäre jegliche Weganlage zum Scheitern verurteilt. Also begeben wir uns von unserem Nachtquartier erst einmal wieder abwärts, bis bei P. 2712 der entsprechende Abzweig ausgewiesen wird. Mit Nr. 44 quert man rechts zu einem Eck hinüber und steigt über die mageren Schafweiden am Bockberg in Kehren rund 400 Meter tiefer. Dort über eine Rinne und meist auch ein Lawinenschneefeld auf die Hangterrasse hinaus. In leichtem Auf und Ab schneidet der Pfelderer Höhenweg jetzt die Flanken, kreuzt da und dort mal eine Bachrinne, je

Extra: Hinterer Seelenkogel (3489 m)

Eine echte Bereicherung stellt der Hausberg der Zwickauer Hütte dar, der dem Höhenweg heute vorangestellt werden kann. Man besteigt den Hinteren Seelenkogel über seinen Ostgrat, dessen Ansatz sich gleich hinter der Hütte befindet. Erste Kraxelpassagen führen zu einer Gratschulter, wo man für eine Weile auf gute Spuren trifft. Später biegt die Blockschneide deutlich nach rechts um und verlangt gipfelwärts etwas Kletterei (I). Auf- und Abstieg dauern zusammen etwa 2.30 Std.

nach Jahreszeit vielleicht durch harte Altschneereste erschwert, und schlängelt sich durch einige schrofige Passagen. Für passionierte Bergwanderer ein absoluter Genuss.

Allmählich wird wieder Höhe gewonnen, um auf etwa 2620 Meter Höhe Anschluss an die komfortabel ausgebaute Trasse des Meraner Höhenwegs (Nr. 24) zu erhalten. Auf diesem legen wir die restlichen Serpentinen bis zu unserem Etappenziel, der Stettiner Hütte (2875 m), zurück. Zwischen Hoher Wilde und Hoher Weiße nimmt sie einen wunderbaren Standort ein, das Eisjöchl ist nur einen Katzensprung entfernt. Wer keine Gipfelambitionen hegt, kann im Übrigen heute gleich bis zur Lodnerhütte durchmarschieren.

Die Zwickauer Hütte mit ihrem Hausberg, dem Hinteren Seelenkogel

Stettiner Hütte – Lodnerhütte

Über das grimmige Johannesschartl

3.7

In den Geröllfluren zwischen Eisjöchl und Johannesschartl; bestechend: die Hohe Wilde

schwierig | km 4,8 km | 3 Std. | 200 Hm ↑ | 820 Hm ↓

Charakter: Kurzer, aber schwieriger hochalpiner Übergang, namentlich auf der Nordseite des Johannesschartls. Hier Steilrinne mit Kettensicherung und erheblicher Steinschlaggefahr, Vorsicht bei Vereisung! Südseitiger Abstieg mit einzelnen Sicherungen spürbar leichter.

Ausgangspunkt: Stettiner Hütte (2875 m)

Endpunkt: Lodnerhütte (2259 m)

Höchster Punkt: Eisjöchl (2895 m)

Einkehr: Zwischendurch keine

Gehzeiten: Stettiner Hütte – Johannesschartl 1.40 Std. – Lodnerhütte 1.20 Std.

Auch heute wollen wir uns auf eine kurze Etappe beschränken, um Raum zu geben für eine Besteigung der Hohen Wilde (siehe Kasten). Für diesen prächtigen Hochgipfel im Alpenhauptkamm steht die Stettiner Hütte nämlich äußerst günstig. Ansonsten überschreiten wir das nahe Eisjöchl (2895 m) und blicken erstmals ins innere Pfossental. Man folgt nun aber nicht dem guten Weg dort hinunter, sondern zweigt alsbald links ab, um über Geröllfluren und einzelne steilere Felspartien im Bergab die Querverbindung Richtung Johannesschartl einzuschlagen. Der Höhenverlust hält sich in Grenzen, zumal sich der Grubferner weitgehend zurückgezogen und ein harmloses Moränenvorfeld hinterlassen hat. Dort kommen wir an einem Schmelzwassersee vorbei und streben in Kürze wieder bergauf. Von rechts her nähern wir uns ei-

Extra: Hohe Wilde (3480 m)

Das Paradeziel über der Stettiner Hütte lockt erfahrene Bergsteiger zu einem Seitensprung, im Licht eines frühen Morgens ein Fest für die Sinne! Wie beim Pendant des Hinteren Seelenkogels überblickt man nicht nur weite Teile Südtirols, sondern auch die großen Gletscherkammern auf der Nordseite der Ötztaler Alpen. Der übliche Anstieg über den Hans-Grützmacher-Steig war allerdings jüngst durch erhöhte Steinschlagneigung – ausgelöst durch Permafrostschmelze in einer gipfelnahen Rinne – bedroht. Derzeit wird überlegt, ob ein Klettersteigbau am Südgrat als Alternative realisiert werden kann. Aufstieg ab Hütte gut 2 Std., Abstieg 1.30 Std.

ner düsteren, brüchigen Rinne, die steil ins Johannesschartl emporleitet. Aufgrund der nordseitigen Exposition ist sie anfällig für Schnee und Eis, doch selbst bei guten Verhältnissen bleibt dies ein prekärer Abschnitt, denn der Untergrund ist unsolide und kann leicht als Steinsalve ausgelöst werden. Fixe Ketten an der rechtsseitigen Felsbegrenzung unterstützen den Durchstieg bis in die enge Bresche des Johannesschartls (2854 m), von dem auch südseitig eine Rinne abfällt. Sie ist aber nicht ganz so arg und an einigen Stellen ebenfalls mit Ketten entschärft. Mit Blick auf den formschönen Lodner folgen wir einigen Kehren hinab zu einem seichten Bachboden, gelangen über eine Geländestufe hinweg auf die rechte Seite und wandern durch das oberste Zieltal schnurstracks auswärts. Lediglich ein Lawinenschneefeld kann sich jetzt noch in den Weg legen, bevor wir nach einer Weile bei der schmucken Lodnerhütte (2259 m) ankommen. Umrahmt von einem Kranz vielseitiger Dreitausender gilt sie als der wichtigste alpine Stützpunkt in der Texelgruppe.

Am siebten Tag tauchen wir ins Zieltal, das Bergsteigerdorado der Texelgruppe, ein.

Lodnerhütte – Hochmuth (Dorf Tirol)

Quer durch die Texelgruppe

3.8

Unterhalb des Halsljochs bezaubern die Tablander Lacken.

schwierig | km 12,9 km | 6.30 Std. | ↑ 650 Hm | ↓ 1550 Hm

Charakter: Hochalpiner Übergang, der Trittsicherheit und gute äußere Bedingungen verlangt. Zwischen Halsljoch und Milchseescharte ziemlich unwegsam, unterhalb der Scharte sowie am Hochgang stellenweise gesicherte Steilpassagen, zumeist aber ordentliche Bergsteige. Leicht überdurchschnittliches Tagespensum.

Ausgangspunkt: Lodnerhütte (2259 m)

Endpunkt: Hochmuth (1361 m), Bergstation der Seilbahn von Dorf Tirol

Höchster Punkt: Halsljoch (2808 m)

Einkehr: Hochganghaus, Leiteralm, Steinegg, Hochmuth

Gehzeiten: Lodnerhütte – Halsljoch 1.45 Std. – Milchseescharte 0.45 Std. – Hochgangschartl 0.55 Std. – Hochganghaus 1.10 Std. – Leiteralm 1.00 Std. – Hochmuth 0.55 Std.

Die finale Etappe verspricht noch einmal reiche Impressionen aus der Texelgruppe, deren Stockwerke wir aus versteckten Karwinkeln kommend nach und nach durchmessen. Im Übrigen gibt es angesichts des verzweigten Wegenetzes ein reiches Variationspotenzial. Bei der Lodnerhütte überschreiten wir als Erstes den Zielbach und folgen Nr. 7 schräg aufwärts. Die Verzweigung zum Franz-Huber-Steig bietet eine interessante Alternative (siehe Kasten), doch wenden wir uns links und peilen über terrassenartige Geländeabstufungen an den Tablander Lacken vorbei das Halsljoch (2808 m) an. Hier nehmen die Normalrouten auf die Lazinser Rötelspitze (3037 m)

Variante: Franz-Huber-Steig

Eine etwas kürzere, nicht minder attraktive Verbindung zwischen Lodnerhütte und Hochganghaus vermittelt der Franz-Huber-Steig, der in pfiffigem Verlauf die Südflanken von Tschigat und Co. schneidet. Kurz hinter der Lodnerhütte bleibt man am unteren Weg (Nr. 7b) und geht hinter dem nächsten Eck eine weite Hangbucht aus. Ein mit Eisenklammern gangbar gemachter Plattenschuss fordert uns eine kleine Mutprobe ab. Abschüssiges, rinnendurchzogenes Geschröf steht auch im weiteren Verlauf auf dem Programm. Dann kann man sich für die Überschreitung der Sattelspitze (2428 m) auf spärlichen Grastritten oder die südseitige Traverse über ein schmales, kettengesichertes Band entscheiden. Die Aussicht ist so oder so formidabel! Der Franz-Huber-Steig zieht weiter ostwärts über teils vermurte Rinnen in die Tablander Hochmähder und später über eine markante Rippe hinweg zur Hochbodenalm (2063 m). Von dort senkt sich die Route in den Wald und zum Hochganghaus. Der Zeitbedarf ist um etwa 1.00 Std. geringer als bei der Hauptroute, der Anspruch aber mindestens ebenso hoch!

und den etwas schwierigeren Tschigat (2998 m) ihren Ausgang – zwei lohnende Gipfel, die in weniger als einer Stunde erklommen werden können.

Rau und steinig gestaltet sich die folgende Traverse quer durch die Nordabdachung des Tschigat, wo man zwischen Blockwerk und kleinen Felsriegeln nur selten eine richtige Trasse unter den Sohlen hat. Vor allem bei Nebel orientiere man sich peinlich genau an der markierten Routenführung. In verzwicktem Kurs geht es hinüber zur Milchseescharte (2707 m) mit dem Lammer-Biwak als Notunterschlupf. Die steil abbrechende Ostseite eröffnet bereits den Blick auf die Spronser Seen, das Herzstück der Texelgruppe.

Der Abstieg beginnt in einer Rinne mit Kettensicherungen, ehe Kehren gutmütiger auf die Kesselmulde mit den beiden Milchseen auslaufen. Der Weg schlüpft mitten hindurch und führt über die nächste Geländestufe gegen den stattlichen Langsee hinab. Allerdings achten wir auf den scharfen Rechtsabzweig, der im Bogen hinüber zum Hochgangschartl (2441 m) leitet. Dort findet man einen idealen Rastpunkt, um ein letztes Mal die herbe Schönheit der Spronser Seenplatte auf sich wirken zu lassen, bevor es über den sogenannten Hochgang auf der Südseite steil bergab geht. Geschickt laviert der Steig durch die Schrofen tiefer, wobei ein paarmal Sicherungen unsere Nerven beruhigen. Auf dem Wiesenbalkon angekommen, lädt das nagelneue Hochganghaus (1839 m) zur Einkehr. Vielleicht mag man diese auch noch etwas hinausschieben, denn binnen der letzten zwei Wegstunden haben wir drei weitere Jausenstationen zur Auswahl. Auf der Route des Meraner Höhenwegs (Nr. 24) steuern wir durch ausgedehnte Waldareale die Leiteralm (1522 m) an und dürfen uns zum Schluss noch am imposant durch die ausgedörrten Steilhänge querenden Hans-Frieden-Felsenweg berauschen. Dieser entlässt uns bei der Jausenstation Steinegg bzw. beim Gasthof Hochmuth (1361 m), wo der Meraner Talkessel schon in unmittelbare Reichweite gerückt ist. Denn mit der Seilbahn geht es in Minutenschnelle hinab nach Dorf Tirol. Nach acht strengen Hochgebirgsetappen verströmt die Umgebung nun ein mediterran angehauchtes Flair.

Anheimelnde Regglberg-Landschaft bei Oberradein

4

Der E5 in Südtirol

Vom Timmelsjoch über Bozen nach Salurn

Der E5 in Südtirol

Vom Timmelsjoch über Bozen nach Salurn

4

Auf der Pfandler Alm wurde seinerzeit Andreas Hofer verhaftet.

leicht | 129 km | 8 Tage | 6400 Hm | 8700 Hm

Charakter: Zumeist nicht sonderlich anspruchsvolle Berg- und Wanderwege, oft sogar wirklich harmlos. Während die erste Hälfte vornehmlich in alpinen Gefilden verläuft (die Etappen 2 und 4 sind diesbezüglich auch ernst zu nehmen und verlangen Trittsicherheit), trägt die zweite Halbzeit eher Mittelgebirgscharakter mit entsprechend waldreicher Umgebung. Aufgrund der moderaten Anforderungen auch für alpin wenig Erfahrene empfehlenswert. Wichtig ist allerdings eine gute Grundausdauer und Marschfreude selbst für längere Abschnitte auf Forststraßen.

Markierung: Das Kürzel »E5« findet sich sehr häufig, normalerweise auch bei allen wichtigen Verzweigungen. Davon abgesehen gibt es lokale Wegnummern.

Ausgangspunkt: Timmelsjoch (2491 m), erreichbar mit dem Pkw oder mit speziellem Wanderbus (verkehrt etwa zwischen Mitte Juni und Mitte Oktober, ab Moos um 8.40 und 13.35 Uhr). Nach Moos kommt man von Meran mit dem Linienbus.

Endpunkt: Salurn (224 m), Bahnverbindung mit Bozen

Höchster Punkt: Hirzer (2781 m)

Beste Jahreszeit: Die erste Hälfte der Tour, insbesondere die Hirzer-Etappe, empfiehlt sich kaum vor Mitte/Ende Juni, die südlicheren Abschnitte sind meist schon früher möglich. Ansonsten bis gegen Mitte/Ende Oktober.

Karten: Tabacco, 1:25 000, Blätter 039 »Passeiertal«, 040 »Sarntaler Alpen«, 034 »Bozen – Ritten«, 029 »Schlern – Rosengarten – Latemar – Regglberg« und 049 »Südtiroler Weinstraße«

Auf der klassischen Alpenüberquerung

Der Europäische Fernwanderweg Nr. 5, kurz E5, ist wohl die bekannteste und meistbegangene Alpenüberschreitung vom Norden in den Süden. Sie führt auf mehreren Hundert Kilometern vom Bodensee nach Verona bzw. Venedig und dauert in voller Länge natürlich etliche Wochen. Die Idee mag dem inneren Bedürfnis der »Nordländer« entsprechen, wie weiland Dichterfürst Goethe oder andere aufzubrechen »ins Land, wo die Zitronen blühen« und dies mit besonderen Naturerlebnissen und gewiss auch mit einer besonderen Selbsterfahrung zu verbinden.

Wohl wissend, dass die Stilechtheit des Unternehmens bei einem Start »mittendrin« nicht ganz gewährleistet ist, sei im Rahmen dieses Buches der komplette Südtiroler Abschnitt beschrieben. Dabei ist man immerhin auch schon mindestens eine ganze Woche unterwegs und lernt unser Land in großer Bandbreite von den hochalpinen Gefilden am Alpenhauptkamm bis ins mediterran angehauchte Unterland kennen. Der geneigte Leser möge mir gestatten, einmal eine deutliche Abwandlung vom originalen Verlauf vorzunehmen. Anstatt nämlich südlich des Timmelsjochs, wo der E5 auf Südtiroler Boden trifft, relativ uninspiriert durch den Taleinschnitt der jungen Passer abwärtszuwandern, möchte ich die bergsteigerisch etwas ambitioniertere und landschaftlich bei Weitem reizvollere Höhenroute über St. Martin am Schneeberg und die Hochwart propagieren. Sie beansprucht normalerweise einen Tag mehr, schenkt uns dafür aber viele herrliche Ausblicke und bringt obendrein eine kulturhistorische Besonderheit ins Spiel: Am Schneeberg befand sich einst das höchstgelegene Bergwerk Europas und zeitweise eines der bedeutendsten. Lagerstätten ziehen sich durch das gesamte Gebiet zwi-

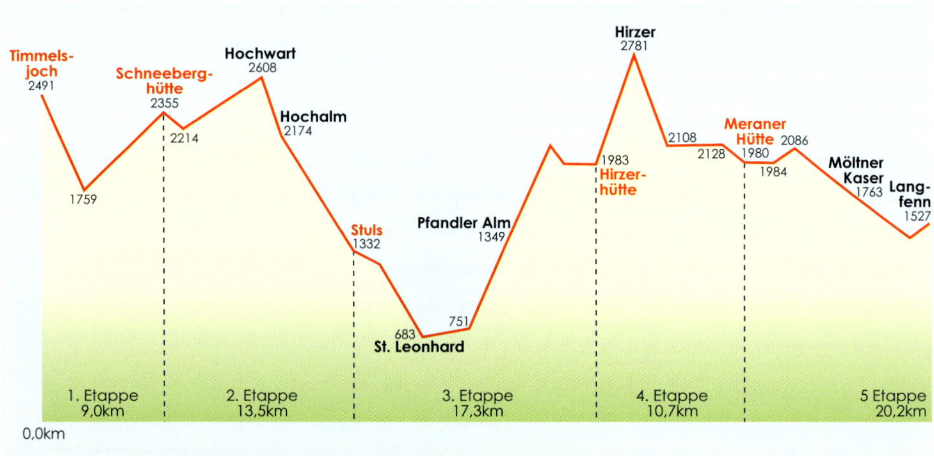

Die Etappen im Überblick

- 1. Tag: Timmelsjoch – Schneeberghütte, 3.30 Std.
- 2. Tag: Schneeberghütte – Stuls, 6.00 Std.
- 3. Tag: Stuls – Hirzerhütte, 7.45 Std.
- 4. Tag: Hirzerhütte – Meraner Hütte, 5.40 Std.
- 5. Tag: Meraner Hütte – Jenesien (Bozen), 6.00 Std.
- 6. Tag: Bozen – Maria Weißenstein, 5.00 Std.
- 7. Tag: Maria Weißenstein – Trudner Hornalm, 7.00 Std.
- 8. Tag: Trudner Hornalm – Salurn, 6.00 Std.

Übernachtungsmöglichkeiten

Schneeberghütte (2355 m), Juni bis Oktober, Tel. 0473/647045
Gasthaus Trausberg in Rabenstein (1419 m), ganzjährig, Tel. 0473/647055
Gasthof Stullerhof in Stuls (1332 m), ganzjährig, Tel. 0473/649543
St. Leonhard in Passeier: Info über Tourismusverein, Tel. 0473/656188
Pfandler Alm (1349 m), Mai bis Oktober, Tel. 0473/641841
Hirzerhütte (1983 m), Juni bis September oder Oktober, Tel. 330/515900
Meraner Hütte (1980 m), AVS, Mai bis Anfang November, Tel. 0473/279405
Gasthof Langfenn (1527 m), ganzjährig, Tel. 0471/668218
Gasthof Edelweiß (1351 m), ganzjährig, Tel. 0471/354106
Jenesien: Info über Tourismusverein, Tel. 0471/354196
Bozen: Info über Verkehrsamt der Stadt, Tel. 0471/307000
Gasthof Kohlern (1130 m), ganzjährig, Tel. 0471/329978
Deutschnofen: Infos über Tourismusverein, Tel. 0471/616567
Gasthaus Weißenstein (1520 m), ganzjährig, Tel. 0471/615124
Zirmerhof (1552 m) in Radein, ganzjährig, Tel. 0471/887215
Truden und Umgebung: Info über Tourismusverein, Tel. 0471/869078
Trudner Hornalm (1710 m), Mai bis November, Tel. 338/1022342
Gasthof Fichtenhof in Gfrill (1328 m), ganzjährig, Tel. 0471/889028
Rifugio Alpino Potzmauer (1300 m), 20. Juni bis 20. September, Tel. 333/7771211

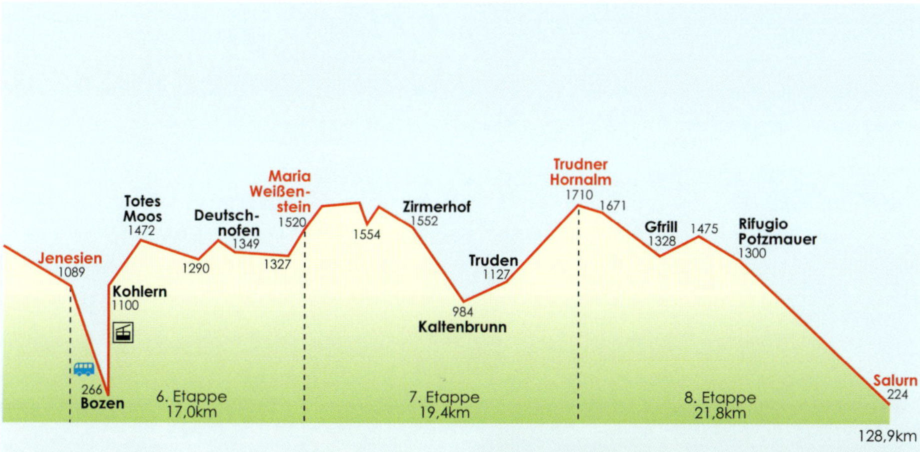

schen Passeier- und Ridnauntal. Im späten Mittelalter stand die Silberförderung in höchster Blüte, später kam vor allem Zinkblende zum Abbau. Heute wird uns das Bergwerk als Museum nahegebracht.

Durch die Sarntaler Alpen

Nachdem man jenseits der Hochwart, im »Sonnendorf« Stuls, auf die Hauptroute zurückgekehrt ist, gilt es die lieblichen Seiten des Passeiertals zu entdecken. Über St. Leonhard und die legendäre Pfandler Alm streben wir wieder bergwärts und können am nächsten Tag schon auf dem höchsten Gipfel der Sarntaler Alpen stehen. Die Hirzer-Etappe darf sicher als die alpinste gelten – ein Highlight im wahrsten Sinne des Wortes. Ihr anderes, sanfteres Gesicht zeigen die Sarntaler Alpen auf den weitläufigen südlichen Ausläufern, die am fünften Tag durchmessen werden. Der Tschögglberg, von fleißiger Bauernhand seit Jahrhunderten gehegt und gepflegt, mutet mit seinen lichten Lärchenhainen und Bergwiesen, auf denen die liebreizenden Haflingerpferde grasen, an wie ein riesiger Park.

Begegnung beim Wölflhof

Am Hirzer spannt sich ein gewaltiges Panorama auf.

Südwärts über den Regglberg

Der Talkessel von Bozen bildet naturgemäß eine starke Zäsur, für Kulturbeflissene und Genießer südländischer Lebensart aber sicher auch eine willkommene Abwechslung. Danach verbringen wir drei weitere Tage auf den erholsamen Mittelgebirgsterrassen des Regglbergs und angrenzender Waldzüge. Die alpine Kulisse hat sich hier längst zurückgezogen, doch auch diese optisch ebenso zurückhaltenden wie harmonischen Landschaften sind ein elementarer Bestandteil Südtirols. Gerade in den Übergangsjahreszeiten kann man das Wandern hier als sehr wohltuend empfinden. Deutschnofen, der berühmte Wallfahrtsort Maria Weißenstein, die imposante, geologisch interessante Bletterbachschlucht sowie die Bergdörfer bzw. Weiler Radein, Truden und Gfrill sind die wichtigsten Stationen auf diesem südlichen Abschnitt, ehe wir schlussendlich ins Etschtal absteigen.

Es kann also nicht verwundern, dass sich gerade die Südtiroler Etappen des E5 besonderer Wertschätzung erfreuen. Mannigfaltige Landschaftsbilder und ein gediegenes kulturelles Flair entfalten ihre Anziehungskraft. Man kann die Etappen übrigens weithin nach Gusto einteilen, also oft auch kürzere Marschtage wählen. Irgendwann aber liegt die Strecke vom Timmelsjoch bis hinunter an die Trentiner Grenze hinter uns, wird der mediterrane Einfluss offenkundiger und das Herz ist voller tiefgreifender, von stillem Wanderglück beseelter Eindrücke …

Idylle über dem Sarntal: die Anteranalm

4.1 Timmelsjoch – Schneeberghütte

Auf historisch bedeutsamen Routen

Durch den Weiler Rabenstein verläuft die Originalroute des E5.

leicht | 9 km | 3.30 Std. | ↑ 600 Hm | ↓ 740 Hm

Charakter: Allgemein gute Bergwanderwege, nur selten wirklich steil. Ungewöhnlich ist, dass die Tour von einem hohen Ausgangspunkt mit einem Bergab beginnt (vermeidbar bei Start an der Timmelsbrücke).

Ausgangspunkt: Timmelsjoch (2491 m)

Endpunkt: Schneeberghütte (2355 m)

Höchster Punkt: Timmelsjoch

Einkehr: Obergostalm

Gehzeiten: Timmelsjoch – Timmelsbrücke 1.20 Std. – Obergostalm 1.00 Std. – Schneeberghütte 1.10 Std.

Wir beginnen den Südtiroler E5 direkt an der nördlichen Landesgrenze und steigen vom Straßenpass des Timmelsjochs auf dem »Urweg« ins Passeirer Timmelstal ab. Die Hänge sind anfangs recht steil, laufen dann aber gemäßigt in einer Eintalung aus. Weiter unten zweigt der offizielle E5 rechts ab, doch schlagen wir diesen wenig einfallsreichen Verlauf mit Vorteil aus und begeben uns stattdessen auf eine lohnendere Höhenwegroute. Sie erfordert allerdings normalerweise eine Übernachtung zusätzlich. Man nähert sich also nochmals der Timmelsjochstraße und tangiert diese kurz bei der Timmelsbrücke (1759 m).

Hier beginnt ein Zustieg ins Gebiet von St. Martin am Schneeberg (Knappenweg, Nr. 29). Wir passieren eine große Wiesenfläche und gewinnen anschließend im Schönauer Wald spürbar an Höhe. Später nahezu hang-

Variante: Originalweg durchs oberste Passeiertal

Wer entgegen meiner Empfehlung lieber die offizielle Route des E5 wählen möchte, hält sich schon vor der Timmelsbrücke rechts und steuert den Gasthof Hochfirst an der Timmelsjochstraße an. Weiter abwärts zur Passer, die bei einigen Gebäuden überschritten wird. Von nun an bestimmen breite Wege und Straßen den Verlauf. In Kürze nochmals über eine Brücke und durch ein Waldareal Richtung Rabenstein (1419 m). Wir folgen der Ortszufahrt ein gutes Stück (bald wieder links vom Fluss) und verlassen sie unmittelbar vor ihrer Gegensteigung auf einen Forstweg, welcher nahe der Talsohle verläuft. An Sandgruben vorbei sowie durch ein hoch eingezäuntes Gehege steuert man den Hauptort Moos im Hinterpasseier an. Für den Anschluss nach Stuls kann der Bus genommen werden, andernfalls steht ein Gegenanstieg von reichlich einer Stunde bevor. Gehzeit ab Timmelsjoch insgesamt 5.00 Std.

parallel an der Obergostalm (1990 m) vorbei, die knapp unterhalb des Weges zu einer deftigen Marende einlädt. Die Almlichtung gewährt reizvolle Einblicke in die gegenüberliegenden Ausläufer der Texelgruppe. Um einen Hangrücken lassen wir die Baumgrenze unter uns und schwenken derweil in den Seemooskessel hinein. Er gehört schon unverkennbar zum ehemaligen Bergbaugebiet von St. Martin, dessen Kern sich eine Etage höher erstreckt. Entweder direkt über den Steilhang neben einer Förderstrecke oder links ausholend in weniger steilen Windungen erreichen wir unser Tagesziel, die Schneeberghütte (2355 m). Sie wurde aus dem einstigen Herrenhaus in eine Schutzhütte für Wanderer umfunktioniert.

Die Gegend ringsum hat ihr natürliches Gepräge binnen 800 Jahren Bergbaugeschichte offenkundig verändert und verdient sicher nicht mehr das Prädikat »ursprünglich«. Interessant ist freilich der kulturhistorische Wert, der inzwischen im Rahmen des Landesbergbaumuseums gepflegt wird. Auch Besichtigungen und längere geführte Touren werden hier angeboten.

Unsere Höhenweg-Variante macht in St. Martin am Schneeberg Station.

Schneeberghütte – Stuls

Alpinroute über die Hochwart

4.2

Trefflicher Name: die Gürtelwand

mittel | km 13,5 km | 6 Std. | ⇧ 680 Hm | ⇩ 1700 Hm

Charakter: Typisches Berggelände von Hochweiden und Blockschutthängen, in manchen steilen Lagen gute Trittsicherheit angezeigt. Am Gipfelaufbau der Hochwart kurze Kletterstelle (optional). Die Weganlage ist nicht immer deutlich ausgeprägt, die Markierung bei entsprechendem Orientierungsvermögen aber ausreichend. Für geübte Bergwanderer gut beherrschbarer Übergang, Unerfahrene können auf den normalen E5 ausweichen (siehe Variante 4.1).

Ausgangspunkt: Schneeberghütte (2355 m)

Endpunkt: Stuls (1332 m)

Höchster Punkt: Hochwart (2608 m)

Einkehr: Hochalm, Eggergrubalm

Gehzeiten: Schneeberghütte – Abzweig Sandjoch 1.00 Std. – Hochwart 2.45 Std. – Hochalm 0.45 Std. – Stuls 1.30 Std.

Dieser interessante Übergang ist der eigentliche Grund, warum ich für ein Abweichen von der Hauptroute des E5 plädiere. Denn er entspricht viel eher den Wünschen erlebnisorientierter Bergwanderer als der Talmarsch. Von der Schneeberghütte steigen wir über die Geländekante ein kleines Stück Richtung Seemoos hinab und queren dann mit Nr. 27 links in die Hänge, die hier gutmütige Terrassen bilden. Nach etwa einer Stunde trennt sich der Weg zum Sandjoch ab. Wir bleiben indes vorerst auf gleicher Höhe, müssen dann aber doch ein paar Meter gewinnen, um einen Querriegel überwinden zu können. Dahinter kurzzeitig steil abwärts und im Gegenanstieg bis zu einer Lücke in der nächsten, von der Zirmaidspitze herabziehenden Rippe. Dieses Spiel – durch eine abschüssige Rinne bergab, dann erneut schräg ansteigend – wiederholt sich ein weiteres Mal. Rechts bleibt eine Hirtenhütte knapp abseits des Weges. Mit leichtem Auf und Ab nähern wir uns nun der aufsteilenden Nordflanke der Hochwart. 200 Höhenmeter im anstrengenden Zickzack stehen hier bevor, bis wir einen Kammsattel erreicht haben und damit erstmals einen weiten Blick nach Süden erhaschen. Man könnte nun die nahe Hochwart direkt über ihren schrofigen Grat angehen, doch ist es meist sicherer, der bezeichneten Pfadspur durch die Flanke zu folgen und von der Rückseite her mittels kurzem Stich den Südgipfel (2608 m) zu ersteigen. Eine kurze gestufte Felspassage (Sicherungen) ist dabei kein sonderliches Hindernis.

Nach der Rundschau von dieser großartigen Aussichtskanzel (nomen est omen!), die uns beinahe das ganze Passeier zu Füßen legt, können wir zufrieden auf der Südseite des Berges absteigen. Es handelt sich bald wieder um Grasmatten. Zwischenzeitlich wird etwas nach links ausgeholt und dann mit einer Abwärtstraverse die prächtig gelegene Hochalm (2174 m) angesteuert. Viele mögen sie einem Talquartier vorziehen, weil es den Stimmungen zugutekommt. In diesem Fall darf freilich konstatiert werden, dass auch der ausgewählte Etappenzielort Stuls mit einer reizvollen Lage aufwartet, und zwar auf einem Sonnenbalkon ein gutes Stück über dem Tal der Passer. Wir wählen den südwestwärts gerichteten Bergrücken, kommen dort noch an der Eggergrubalm (1929 m) vorbei und stoßen etwas tiefer auf einen Wirtschaftsweg, dessen Kehren sich auch abkürzen lassen (etwas unübersichtlich). Über die exponierten Berghöfe von Hochegg folgen wir dem Sträßchen hinunter nach Stuls (1332 m).

Die Hochalm nimmt ihren Platz auf einem veritablen Sonnenbalkon ein.

Stuls – Hirzerhütte

Über St. Leonhard und die Pfandler Alm

4.3

Am dritten Tag geht es via St. Leonhard Richtung Sarntaler Alpen.

mittel | km 17,3 km | 7.45 Std. | 1650 Hm ↑ | 1000 Hm ↓

Charakter: Im ersten Teil hauptsächlich Höfewege und talnahe Straßen, später fast nur noch richtige Bergwege einschließlich einer lang anhaltenden Steigungsstrecke und einiger abschüssiger Querungen. Hier ist Trittsicherheit angenehm, außerdem ist gute Kondition wichtig.

Ausgangspunkt: Stuls (1332 m)

Endpunkt: Hirzerhütte (1983 m)

Höchster Punkt: Am Wegstück zur Mahdalm (ca. 2120 m)

Einkehr: St. Leonhard, Pfeiftal, Pfandler, Pfandler Alm, Mahdalm, Hinteregger Alm, Reseggeralm

Gehzeiten: Stuls – St. Leonhard 1.45 Std. – Pfeiftal 1.00 Std. – Pfandler Alm 1.35 Std. – Mahdalm 2.40 Std. – Hirzerhütte 0.45 Std.

Heute steht eine ziemlich inhomogene und zudem lange Etappe auf dem Programm, die einige Anstrengung verspricht. Dafür hat man sich am Ende aber auch wieder redlich Höhe erarbeitet und kann auf einem nach Westen offenen Almbalkon dem Sonnenuntergang entgegenfiebern. Zunächst wandern wir im Ortsgebiet von Stuls gen Osten, kreuzen ohne große Höhenunterschiede einen Bachgraben und zweigen dann auf den sogenannten »Urweg St. Hippolyt« (Nr. 9) ab. Nach einem Waldstück geht es wieder über eine Höfestraße, die wir jedoch noch vor dem idyllischen Streuweiler Glaiten talwärts verlassen. Weitere Zufahrten kreuzend stößt man schließlich auf die unterste Kehre der Jaufenpassstraße und folgt dieser ins nahe St. Leonhard (683 m).

Direkt im Zentrum des Passeirer Hauptortes nehmen wir linker Hand eine ansteigende Straße, die oberhalb des Kirchenhügels vorbeiführt und sich dann in horizontalem Verlauf bei letzten Anwesen verliert. Wir treten in Waldareale ein und setzen unseren Weg südwärts quer durch die Flanken fort – vorerst nur gut 100 Meter über der Sohle des Passeiertals (lokale Nr. 3). Mit der Kehlmure und dem Fartleisbach (Gilfenklamm) werden unterdessen zwei Tobel gekreuzt. Erst bei der Jausenstation Pfeiftal (751 m) beginnt der Weg deutlich und nachhaltig anzusteigen. Man kürzt via Gruebe die Kehren der Zufahrtsstraße zum Gasthaus Pfandler ab und anschließend auch jene des nicht öffentlichen Güterwegs zur geschichtsträchtigen Pfandler Alm (1349 m). Tirols legendäre Symbolfigur, der Freiheitskämpfer Andreas Hofer, wurde hier im Januar 1810 nach Verrat von den Franzosen gefangen genommen. Heute ist die berühmte Alm ein gefragtes Ausflugsziel. Vor dem weitaus anstrengendsten Wegstück nehmen wir die Rastmöglichkeit gerne an, gemütliche Wandergenossen können auch eine zusätzliche Nächtigung einschalten.

Beim Denkmal am Rande der Lichtung setzt nun ein zeitweise kräftig ansteigender Waldweg an. Man gelangt zu den Prantacher Mähdern, dreht dort mehr nach Osten ein und gewinnt die Schulter der Riffelspitze, deren höchster Punkt selbst nicht bestiegen wird. Stattdessen schneidet der keineswegs breite Pfad die steilen Grasflanken und steigt dabei bis in Falllinie des Prantachkogels noch etwas an. Um dessen Rücken öffnet sich ein Kessel, der ausgegangen wird. Einige steile bewachsene Passagen im Bergab verlangen abermals erhöhte Vorsicht, ehe um einen weiteren Hangrücken die Mahdalm (1990 m) vor uns auftaucht. Nun stehen die Einkehrmöglichkeiten fast dicht an dicht, und auch zum Zielpunkt ist es nicht mehr weit. Wir passieren im weiten grünen Bergkessel die Hintereggeralm (1974 m), absolvieren auf breitem Wirtschaftsweg einen letzten sachten Anstieg um einen Bergrücken und treffen kurze Zeit später im Gebiet der Tallner Alm bei der Hirzerhütte (1983 m) ein. Das schon einige Zeit sehr bemerkenswerte Panorama, insbesondere Richtung Texelgruppe, können wir jetzt in Muße aufsaugen. Am nächsten Tag wird es freilich noch besser kommen …

Beim Aufstieg von der Pfandler Alm

Hirzerhütte – Meraner Hütte

Über den höchsten Sarntaler

4.4

Absoluter Höhepunkt der Tour ist die Besteigung des Hirzers.

mittel | km 10,7 km | 5.40 Std. | 900 Hm ↑ | 900 Hm ↓

Charakter: Phasenweise hochalpiner Übergang, der in felsiges Gelände hineinführt und besonders im westseitigen Kar durch jahreszeitlich bedingte Schneefelder erschwert sein kann (vgl. Tipp). Vereinzelte leichte Kletterstellen sind für Trittsichere gut beherrschbar. Im zweiten Teil normaler Höhenweg mit kurzen ausgesetzten Stellen.

Ausgangspunkt: Hirzerhütte (1983 m)

Endpunkt: Meraner Hütte (1980 m)

Höchster Punkt: Hirzer (2781 m) bzw. Obere Scharte (2698 m)

Einkehr: Zwischendurch keine

Gehzeiten: Hirzerhütte – Obere Scharte 2.00 Std. – Abstecher Hirzer 0.40 Std. – Kratzbergsee 2.00 Std. – Meraner Hütte 1.00 Std.

Wir verlassen die Hirzerhütte in Richtung Tallner Alm und steigen weiter in das zwischen Hirzer und Hönigspitze eingelagerte Kar mit dem Flurnamen Sauerloch auf. Zunächst macht der Weg keinerlei Schwierigkeiten, auch wenn er peu à peu steiniger wird. Nach oben hin nimmt die Steilheit aber spürbar zu und verlangt in felsdurchsetzten Bereichen auf jeden Fall einen sicheren Tritt. Sollten harte Schneefelder die Spur bedecken (was in dieser Schattseite nach einer kalten Nacht vielleicht unerwartet der Fall sein kann), sind mitunter sogar Steigeisen nötig. Der Ausstieg erfolgt auf einen hohen Gratkamm im Bereich der Hirzerscharte (»Obere Scharte« in der Ta-

Tipp: Über die Hönigspitze (2695 m)

Weist der Karanstieg zur Hirzerscharte ungünstige Verhältnisse (Hartschnee) auf, lässt sich eine Alternative über den Westgrat der Hönigspitze erwägen. Dieser verlangt zwar etwas Kraxelei, ist unter besagten Voraussetzungen aber objektiv sicherer und obendrein landschaftlich reizvoller. Über den Verbindungsgrat gewinnt man Anschluss an die Hauptroute; 0.40 Std. länger.

bacco-Karte, 2698 m), wo sich ein weiter Blick nach Osten auftut. Zur Fortsetzung müssen wir uns hier links halten. Und weil mit dem Hirzer (2781 m) der höchste Punkt der gesamten Sarntaler Alpen ohnehin in unmittelbarer Nähe liegt, wird man auch das letzte Stück bis zum Gipfel kaum auslassen. Der Pfad führt zunächst in die etwas mürbe Flanke hinein und am Ende über den Ostgrat nach oben. Die Gipfelrast kann freilich lange dauern, so viel gibt es hier zu schauen ...

Zurück zur Verzweigung und über kleinere felsig-schuttige Hindernisse gegen Südosten hinunter. Wenige Geländeabstufungen gliedern den Abstieg zu den Schafweiden der Anteranalm, wobei wir uns später ziemlich weit am rechten Rand halten und damit die Almhütte ein gutes Stück links liegen lassen. An einigen Lacken (P. 2108) vorbei nehmen wir die Verbindung zum Kratzbergsee auf, die auch als Gebirgsjägersteig bekannt ist. In Grundrichtung Süd werden dabei steile Hanglagen durchschritten, da und dort auch eine Rinne gequert. So anregend dieser Höhenweg ist, verlangt er doch an manchen Stellen etwas Vorsicht. Nach mehreren Ecken taucht plötzlich der malerische Kratzbergsee vor uns auf. Einer alten Sage nach soll auf seinem Grund ein goldenes Kegelspiel liegen. Die Fortsetzung der hangparallelen Traverse führt um einen weiteren Rücken zum Missensteiner Joch (2128 m), wo uns die Idylle leider verlässt. Wir blicken auf das seelenlose Skigebiet von »Meran 2000«, das die Areale der Kirchsteiger und Piffinger Alm ziemlich entstellt hat. Unweit steht auch die Meraner Hütte (1980 m), die uns Weitwanderer immerhin wohlwollend aufnimmt und gut versorgt.

Malerisches Fleckchen am Kratzbergsee

Meraner Hütte – Jenesien (Bozen)

Idyllen am Tschögglberg

4.5

Im zeitigen Frühjahr blühen am Tschögglberg die Krokusse zu Abertausenden.

leicht | km 20,2 km | 6 Std. | 340 Hm ↑ | 1230 Hm ↓

Charakter: Lange Streckenwanderung über weitläufige Höhenrücken, die zunächst offen, später meist bewaldet sind. Bis auf die nötige Marschtüchtigkeit keinerlei wandertechnische Anforderungen, auch die Höhenunterschiede halten sich sehr im Rahmen.

Ausgangspunkt: Meraner Hütte (1980 m)

Endpunkt: Jenesien (1089 m), von dort gegebenenfalls noch am gleichen Tag per Bus nach Bozen (266 m), auch eine Seilbahnanbindung zur Sarntaler Straße besteht.

Höchster Punkt: Kreuzjoch (2086 m)

Einkehr: Möltener Kaser, Langfenn, Gasthaus Edelweiß

Gehzeiten: Meraner Hütte – Kreuzjöchl 0.35 Std. – Kreuzjoch 0.40 Std. – Auener Jöchl 0.35 Std. – Möltener Kaser 0.40 Std. – Langfenn 1.30 Std. – Edelweiß 1.30 Std. – Jenesien 0.30 Std.

Eine 20 Kilometer lange Strecke bis zum südlichen Auslauf des Sarntaler Westkamms steht uns heute bevor – ein beachtlicher Marsch zwar, aber auch eine überaus beschauliche Wanderroute frei von jeglicher bergsteigerischer Ambition. Das verdrahtete »Meran 2000« verschwindet augenblicklich aus dem Blickfeld, wenn wir unsere Hütte südwärts verlassen und einen nahen Sattel passieren. Bei der Weggabelung orientieren wir uns rechts und ziehen östlich an der Spielerkuppe vorbei zum Bildstock am Kreuzjöchl (1984 m). Der sanft geschwungene Höhenrücken bleibt

Extra: Die Stoanernen Mandln (2001 m)

Die aus rötlichem Bozener Porphyr aufgebaute Kuppe der Hohen Reisch trägt eine verblüffende Vielzahl von Steinmännern, um die sich alte Legenden und verklärte Geschichten ranken. Es geht sogar die Mär von einem Hexenversammlungsort. Mit geringem Mehraufwand lässt sich die Erhebung im Rahmen des E5 überschreiten.

die Leitlinie. In dieser Weise geht es mit kaum nennenswerten Höhendifferenzen über die Maiser Rast und das Kreuzjoch (2086 m) hinweg: Panoramawandern erster Güte! Fernszenerien vom Alpenhauptkamm bis ins Trentino, von den Ortlerbergen bis in die Dolomiten gehören dazu. Die nächste Senke südlich des Kreuzjochs ist das Auener Jöchl (1926 m). Auch hier verzweigen sich wieder diverse Routen. Der E5 hält sich an die teils bewaldete Westflanke der Hohen Reisch und steuert somit auf kürzestem Weg die Möltener Kaser (1763 m) an. Verlockender und nur wenig länger erscheint die Überschreitung der weitläufigen Kuppe (siehe Kasten). Man wird sich außerdem überlegen, ob eine ausgiebige Brotzeit bereits in der Möltener Kaser oder erst im Gasthof Langfenn stattfinden soll. Bis dorthin ist es noch ein gutes Stück, zunächst vornehmlich eben durch eine von Hochweiden und Wäldern bestimmte Mittelgebirgslandschaft. Wir befinden uns inzwischen auf dem sogenannten Tschögglberg, jenem seit 1000 Jahren von Bauerngenerationen gestalteten Bergrücken, der das Etschtal vom Sarntal scheidet. Bis zum Fahrer Weiher und zur Verbindungsstraße zwischen Mölten und Flaas wird dann spürbar an Höhe eingebüßt. Wir kreuzen sie beim Parkplatz Schermoos und packen gegenüber gleich den kurzen Gegenanstieg nach Langfenn (1527 m) an. Gemeinsam mit dem romanischen Kirchlein St. Jakob krönt der stolze Berghof eine weite Wiesenanhöhe.

Der südliche Teil des Tschögglbergs trägt auch den eigenständigen Namen Salten. Liebliche Lärchenwiesen umschmeicheln unsere Sinne, wenn wir auf breitem, komfortablem Weg weiterwandern. Über eine Stunde geht das so, ehe sich der Geländerücken allmählich absenkt. Wir kommen zum Gasthaus Edelweiß (1351 m) und nähern uns – zuletzt entlang einer Straße – dem Sommerfrischedorf Jenesien (1089 m), das hoch über dem Bozner Talkessel am Auslauf der Sarntaler Bergzüge klebt. Womöglich wäre es am schönsten, hier Quartier zu beziehen, doch kann sich aufgrund der Logistik auch eine Übernachtung in Bozen empfehlen. Der Bus bringt uns bequem in die Südtiroler Metropole, wo man sicher noch Lust auf einen abendlichen Stadtbummel verspürt.

Das Sommerfrischedorf Jenesien

Bozen – Maria Weißenstein

Zum Klosterheiligtum am Regglberg

4.6

Pferdeweide bei Deutschnofen

leicht | 17 km | 5 Std. | 800 Hm ↑ | 380 Hm ↓

Charakter: Leichte Mittelgebirgswanderung, vorwiegend auf Forst- und Naturwegen. Konditionell durchschnittliche Anforderungen, wieder eher auf die Strecke denn auf Höhenmeter bezogen.

Ausgangspunkt: Bauernkohlern (ca. 1100 m), erreichbar mit der Seilbahn von Bozen. Die Talstation befindet sich im Osten der Stadt, südlich der Eisackbrücke und unter der Autobahn hindurch.

Endpunkt: Gasthof Weißenstein (1520 m)

Höchster Punkt: Maria Weißenstein (1520 m)

Einkehr: Wölflhof, Deutschnofen

Gehzeiten: Bergstation Kohlern – Wolftalalm 1.10 Std. – Steinerhof 0.40 Std. – Wölflhof 0.45 Std. – Deutschnofen 0.45 Std. – Maria Weißenstein 1.40 Std.

Mit der Seilbahn überwinden wir eine stattliche Höhendistanz hinauf nach Bauernkohlern, einem verträumten Weiler in den Wäldern oberhalb Bozens. Falls zugänglich, sollte zuerst der nahe Aussichtsturm erklommen werden. Dann geht es mit den Wegzeichen des E5 weiter nach Herrenkohlern (1197 m) und im Bogen um den Kampenner Waldrücken. Es gilt die Wegnummer 4, die uns an der Wolftalalm (1340 m) vorbeiführt und zu den Wegkreuzungen am Toten Moos (1472 m) bringt. Hier nun mit Nr. 1 links weiter und zum abgelegenen Steinerhof. Dessen Zufahrt wird kurz darauf nach links verlassen, um auf Waldwegen eine Abkürzung zum Wölflhof (1290 m)

Extra: Rotenstein (1506 m)

Die ausgedehnten Wälder auf den Mittelgebirgshöhen warten eher selten mit weiten Ausblicken auf. Wer einen Etschtalblick erhaschen möchte, kann beim Toten Moos einen etwas verschlungenen Stichweg zur Abbruchkante am Rotenstein einschlagen (20 Minuten zusätzlich).

zu nehmen. Schilder mit interessanten Sagen säumen zeitweise den Wegrand.

Hinter dem Gasthaus folgt vorübergehend ein kräftiges Bergauf, ehe wir an herrlich ausgedehnten Wiesen mit verstreuten Höfen entlangwandern. Im Norden zeigen sich der Schlern und die Südausläufer der Sarntaler Alpen. Der nahe Gattererhof bietet tageweise Ausschank. Über einen Geländeriegel ist es nun auch nicht mehr weit bis ins Siedlungsgebiet von Deutschnofen (1349 m), das sich malerisch in die Wald- und Wiesenwellen des Regglbergs einbettet.

In Deutschnofen achten wir gut auf die Wegführung des E5 (immer wieder angeschrieben), um unnötige Schlenker zu vermeiden. Dabei kreuzt man kurz nacheinander einen Graben sowie die westliche Ausfallstraße. In südlicher Richtung geht es danach an weiteren verstreuten Anwesen vorbei bis in das bewaldete Grabensystem, welches das Brantental speist. Kurvenreich verlieren wir dort etwas an Höhe, ehe bei P. 1327 der letzte Gegenanstieg nach Maria Weißenstein (1520 m) beginnt. Bald öffnen sich Wiesen, über die wir das Plateau mit

Das Kloster Maria Weißenstein ist ein bekannter Wallfahrtsort.

dem stattlichen Kloster erreichen. Vom lebhaften Rummel der Tagesausflügler dürfte später nicht mehr viel zu spüren sein, sodass einem besinnlichen Abend nichts entgegensteht.

Maria Weißenstein – Trudner Hornalm

Via Bletterbachschlucht in den Naturpark Trudner Horn

4.7

Erdgeschichte zum Anfassen in der Bletterbachschlucht

mittel | km 19,4 km | 7 Std. | 1150 Hm | 960 Hm

Charakter: Weiterhin zumeist Mittelgebirgsgefilde, jedoch mit bedeutenderen Auf- und Abstiegen als bei der vorherigen Etappe. Durchaus einige steile Steigabschnitte und im Bereich der Bletterbachschlucht auch etwas Trittsicherheit vorteilhaft. Ansonsten vielfach breitere Forstwege.

Ausgangspunkt: Gasthaus Weißenstein (1520 m)

Endpunkt: Trudner Hornalm (1710 m)

Höchster Punkt: Vor der Bletterbachschlucht (ca. 1730 m)

Einkehr: Oberradein, Unterradein, Kaltenbrunn, Truden

Gehzeiten: Maria Weißenstein – Bletterbachschlucht 1.30 Std. – Oberradein 1.00 Std. – Kaltenbrunn 1.15 Std. – Truden 0.50 Std. – Ziss-Sattel 1.40 Std. – Trudner Hornalm 0.45 Std.

Beim großen Platz vor dem Kloster weist uns die Fortsetzung des E5 über ein steil ansteigendes Wegstück zu einer Forststraße, die dann gut anderthalb Kilometer nahezu horizontal nach Süden verfolgt wird. Ein Linksabzweig leitet zu einer Weide und in weiterem Verlauf auf einen schmalen Bergsteig, der schließlich zur Bletterbachschlucht abfällt (man lasse sich zuvor nicht von breiteren Wirtschaftswegen abdrängen). Der tiefe »Canyon« vermittelt ein anschauliches Beispiel von den Kräften der Erosion und legt uns wie ein aufgeschlagenes Buch eine mesozoische Schichtenfolge offen. Wir kreuzen die mitunter von Unwettern gezeichnete Schlucht im Bereich des

Extra: Weißhorn (2317 m)

Theoretisch kann das unmittelbar über der Bletterbachschlucht aufragende Weißhorn in die Tour integriert werden. Man umgeht die Schlucht damit quasi über die Kammumrahmung. Der zusätzliche Aufwand beträgt mindestens 1.30 Std. und könnte damit das Tagespensum leicht überreizen. Unter Umständen wird man dafür die Etappeneinteilung abwandeln.

Butterlochs und müssen am Gegenhang wieder steil aus ihr heraussteigen. Weiter oben führt eine Traverse nach rechts durch einige Blößen zu Rastbänken und verschwindet dann wieder im Wald. In leichtem Gefälle steuern wir den Streuweiler Oberradein an und erreichen dort den luxuriösen Zirmerhof (1552 m), der als Quartier für gut gepolsterte Portemonnaies ausgelegt ist. Etwas tiefer geht es am Wastlhof vorbei zu einem steileren Waldweg, der in Unterradein (1090 m) herauskommt. Jetzt bleibt uns für ein paar Hundert Meter nur die Straße, ehe wir eine Abkürzung hinunter nach Kaltenbrunn (984 m) einschlagen können. Dieser Ort liegt an der viel befahrenen Staatsstraße 48 und kennzeichnet in seiner Eintalung die deutlichste Zäsur der Etappe.

Wir begeben uns mit der Trudner Straße hinauf, weichen aber bereits am Ortsausgang links auf einen Waldpfad aus. Dieser mündet in einen Forstweg und führt ins schmucke, verschachtelte Bergdorf Truden (1127 m), das mit seinem Naturpark wirbt. In der Tat mutet die Umgebung sehr erholsam an. Etwas tiefer auf der Südseite wird der Trudner Bach überschritten, um auf die richtige Route Richtung Hornalm zu gelangen. Wieder übernimmt eine Forststraße die Führung, zwischenzeitlich von einem Fußsteig abgelöst. Ein anhaltendes Bergauf ist zu bewältigen, zunächst einmal bis zum Ziss-Sattel (auch »Gampen«, 1439 m), wo mehrere Trassen zusammentreffen. Wir wählen nun den steilen Steig rechts hinauf. Dieser leitet an der Baita Ziss vorbei und kürzt die meisten Windungen der Zufahrt zur Trudner Hornalm (1710 m) ab. Am Tagesziel angekommen sind wir begeistert von der schönen Aussicht ins Trentino und der friedlichen Atmosphäre dieses Fleckchens.

Am Ziss-Sattel öffnet sich ein herrlicher Etschtalblick.

4.8

Trudner Hornalm – Salurn

Verschlungene Höhenwege über dem Unterland

Panoramaschau über das Südtiroler Unterland zum Mendelkamm

leicht | km 21,8 km | 6 Std. | ↑ 250 Hm | ↓ 1750 Hm

Charakter: Auf dem E5 weiterhin abwechselnd Forstpisten und kleinere Waldwege ohne besondere Anforderungen. Bei Richtungswechseln und Wegverzweigungen aufmerksam sein. Dazu kommt ein langer Talabstieg, der bei warmer Witterung etwas anstrengend werden kann.

Ausgangspunkt: Trudner Hornalm (1710 m)

Endpunkt: Salurn (224 m), die Bahnstation liegt außerhalb des Ortes auf der westlichen Etschseite.

Höchster Punkt: Kurz hinter der Hornalm (ca. 1730 m)

Einkehr: Gfrill, Rifugio Alpino Potzmauer

Gehzeiten: Trudner Hornalm – Gfrill 1.40 Std. – Rifugio Potzmauer 1.40 Std. – Ausstieg vom E5 0.40 Std. – Salurn 2.00 Std.

Heute tritt der E5 endgültig ins Trentino über, was für uns den Ausstieg Richtung Salurn, dem südlichsten Ort Südtirols, bedeutet. Zunächst haben wir allerdings noch ein gutes Stück der Höhenwanderung vor uns. Das kupierte und bis oben hin bewaldete Trudner Horn wird nicht unmittelbar berührt, stattdessen laufen wir auf einer breiten Trasse südlich daran vorbei zum verschilften Weißensee und biegen hier nach links ab. Im Wechsel zwischen Forststraßen und Verbindungsstücken auf Naturwegen verliert man allmählich Höhe und steuert den stillen Bergweiler Gfrill (1328 m) inmitten einer großen Lichtung an. Der Blick reicht im Westen bis zur Bren-

Im Weiler Gfrill

ta. Auch gibt es hier mit dem Fichtenhof ein Gasthaus, das man in seine Planung einbeziehen kann.
Nun nehmen wir den Hangweg auf, der gen Süden wegzieht und die Westhänge der Salurner Teilwälder schneidet. Wir kommen zur Örtlichkeit La Lot (1475 m) und nach mehreren Verzweigungen zur Waldlichtung mit dem neu eingerichteten Rifugio Alpino Potzmauer (1300 m), das ebenfalls Verpflegung und Herberge offeriert. Letztmalig können wir das Flair der romantischen Mittelgebirgshöhen genießen. Denn rund anderthalb Kilometer weiter, bei einer Forststraßengabelung, heißt es für uns, den Seitenausstieg zu nehmen.
Während der E5 als Nächstes den Lago Santo im Val di Cembra anpeilt, begeben wir uns mit Nr. 2 auf ein langwieriges Bergab bis ins Etschtal: über 1000 Höhenmeter an einem Stück. Dabei ist es meist angenehmer, den weiten Schleifen zu folgen, auch wenn sie länger dauern als die steilen, oft überwachsenen Abkürzer. Nur einmal muss man eine Lücke über den Steig schließen, was einen potenziellen Verhauer in sich birgt. Beim Parkplatz Tiefental (563 m) endet die Waldflanke, aber noch längst nicht der ganze Abstieg. Wir marschieren durch die Obstplantagen und Weingüter, atmen nun die spürbar schwerere Luft des Unterlandes und gelangen schräg abwärts auf die Landesstraße 129. Sie wird beim Totenstöckl allerdings gleich wieder verlassen, um auf einem Kreuzweg hinunter nach Salurn (224 m) abzukürzen. Wer jetzt auf die Eisenbahn angewiesen ist, muss durch den ganzen Ort und bis auf die andere Seite der Etsch Richtung Bahnhof gehen.

Am Distelsee (4. Etappe)

5

Sarntaler Hufeisen

Auf Höhenwegen rund um das Sarntal

Sarntaler Hufeisen

Auf Höhenwegen rund um das Sarntal

5

Die Sarntaler Hufeisentour verläuft meist auf guten Bergwegen.

leicht | km 79 km | 7 Tage | ↑ 4600 Hm | ↓ 4400 Hm

Charakter: Vorwiegend leichte Höhenwanderung mit nur selten steilen Abschnitten oder nennenswerten alpinen Hürden. Dies gilt noch am ehesten für Grölljoch und Hörtlanerscharte. Bei Nebel aufmerksam die Markierung verfolgen. Auf 7 Tage verteilt ergeben sich moderate Etappen von maximal 5 Std., die eventuell zusammengefasst oder besser noch durch Gipfelabstecher aufgewertet werden können. Letztere verlangen mitunter erhöhte Trittsicherheit. Insgesamt auch für Gelegenheitswanderer eine geeignete Tour.

Markierung: Immer wieder taucht das Hufeisensymbol auf, im Ganzen verlässlich sind aber eher die lokalen Wegnummern.

Ausgangspunkt: Bundschen (923 m) im Sarntal; Busverbindung von Bozen

Endpunkt: Sarnthein (967 m), Hauptort im Sarntal (gleiche Buslinie)

Höchster Punkt: Hörtlanerscharte (2603 m)

Beste Jahreszeit: Meistens günstig zwischen Mitte Juni und Mitte Oktober

Karten: Tabacco, 1:25 000, Blatt 040 »Sarntaler Alpen«

Das sanfte Herz Südtirols

Eher unscheinbar nehmen sich ihre Formen aus, Spektakuläres scheint kaum geboten. Doch wer sich die Lage der Sarntaler Alpen im Herzen Südtirols vergegenwärtigt, kann sich leicht ausmalen, dass diese Berge einen großen Trumpf besitzen: Sie erweisen sich nämlich als vortreffliche

Aussichtslogen, eingerahmt von wuchtigen Dolomitbastionen und firnglänzenden Gletscherbergen am Horizont. Fast alles, was in Südtirol Rang und Namen hat, lässt sich von den Höhen der Sarntaler Alpen überblicken, stellten schon weitgereiste Alpenpioniere fest.

Ein weiterer Vorzug sind ihre stillen Rückzugsräume, die man in berühmteren Gebieten schon länger suchen müsste. Und wer wandertechnisch nicht auf Höchstleistungen getrimmt ist, wird gerade auch ihr sanftes Gepräge zu schätzen wissen, denn große Hindernisse sind auf dieser Durchquerung nicht zu erwarten. Meistens regiert die Beschaulichkeit.

Mit der Durchquerung ist die mittlerweile klassische Hufeisentour angesprochen, die so weit es geht der natürlichen Topografie der Sarntaler Alpen folgt. Getrennt durch das namengebende Tal, gliedern sich diese in zwei große dominierende Kammzüge. Man kann die fast geschlossene Runde in beiden Richtungen begehen, die Tagesmärsche kürzer (wie nachfolgend beschrieben) oder länger wählen und obendrein eine Handvoll dieser tollen Aussichtslogen einbauen. Wer sich eine ganze Woche Zeit nimmt, die Sarntaler Alpen zu erkunden, wird jedenfalls in einer weithin ursprünglichen Landschaft schwelgen und so manches verborgene Kleinod entdecken.

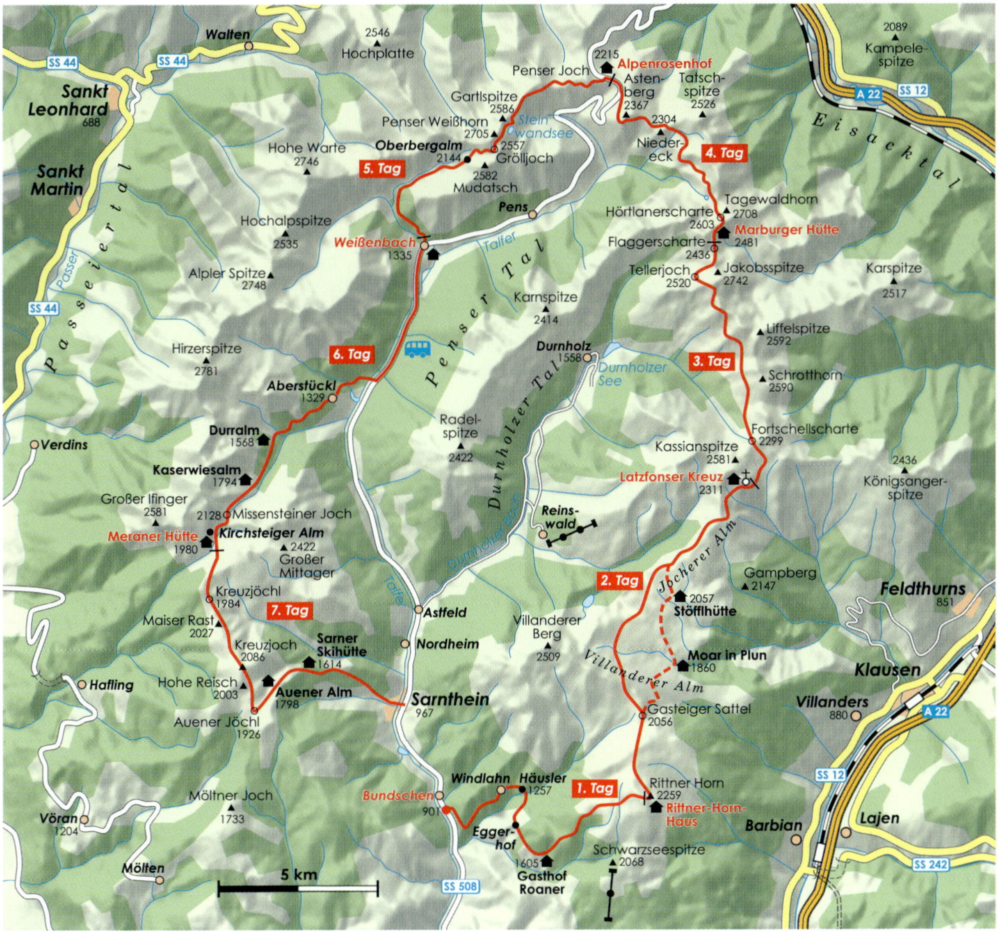

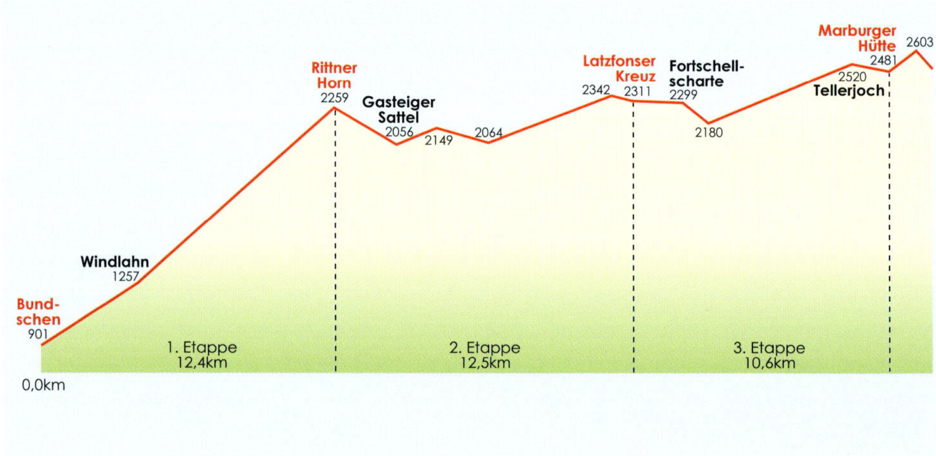

Vom Rittner Horn zum Penser Joch …

Erster Anlaufpunkt ist meist der Gipfel des Rittner Horns, von dessen prachtvollem Panorama schon die Altvorderen ausgiebig schwärmten und deshalb schon vor rund 120 Jahren ein Schutzhaus dort oben bauten. Mit einem beharrlichen Anstieg verdienen wir uns die Höhe und werden sie bis zum fünften Tag nicht verlassen. Dabei wird das Ambiente auf dem Weg nach Norden sukzessive ein wenig alpiner, ohne freilich mit bombastischen Nahimpressionen wie in den Dolomiten aufzuwarten. Die Landschaft strahlt getragene

Die Etappen im Überblick

- 1. Tag: Bundschen – Rittner-Horn-Haus, 4.30 Std.
- 2. Tag: Rittner-Horn-Haus – Latzfonser Kreuz, 4.30 Std.
- 3. Tag: Latzfonser Kreuz – Marburger Hütte, 4.15 Std.
- 4. Tag: Marburger Hütte – Penser Joch, 4.10 Std.
- 5. Tag: Penser Joch – Weißenbach, 5.00 Std.
- 6. Tag: Weißenbach (Aberstückl) – Meraner Hütte, 3.30 Std.
- 7. Tag: Meraner Hütte – Sarnthein, 3.50 Std.

Übernachtungsmöglichkeiten

Rittner-Horn-Haus (2259 m), CAI, Anfang Juni bis Ende Oktober, Tel. 0471/653230

Schutzhaus Latzfonser Kreuz (2311 m), Anfang Juni bis Ende Oktober, Tel. 0472/554999

Marburger Hütte (2481 m), CAI, Anfang Juni bis Mitte Oktober, Tel. 0471/625251

Alpenrosenhof (Penser-Joch-Haus, 2215 m), Anfang Mai bis Ende Oktober, Tel. 0472/647170

Murrerhof in Weißenbach, ganzjährig, Tel. 0471/627121

Hotel Feldrand bei Muls, ganzjährig, Tel. 0471/627101

Rabensteinerhof bei Muls, ganzjährig, Tel. 0471/627147

Meraner Hütte (1980 m), AVS, Anfang Mai bis Anfang November, Tel. 0473/279405

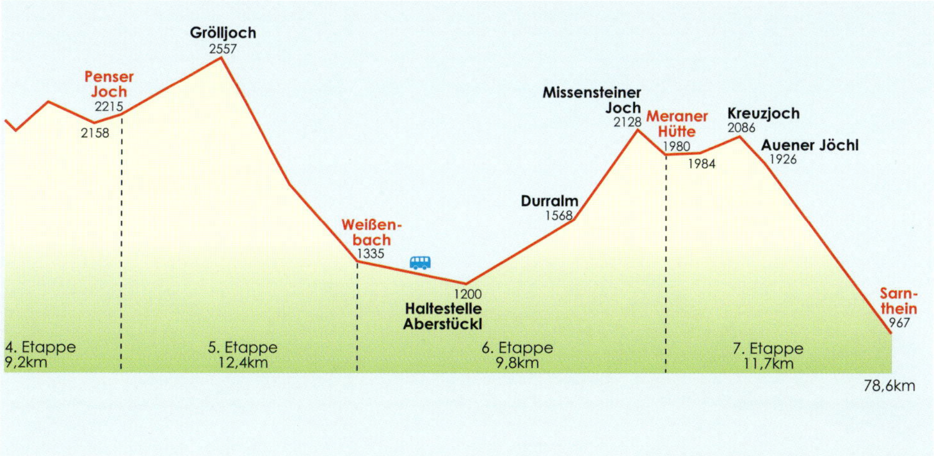

Ruhe aus. Und die Lage unserer Stützpunkte bleibt auch nach dem Rittner Horn attraktiv, wie das Latzfonser Kreuz und der idyllische Flaggersee beweisen. Die vierte Etappe endet dann am Straßenpass des Penser Jochs, wo ein gediegenes Gasthaus Unterkunft bietet. Zwischendrin steht weitgehend unbeschwertes Höhenwandern auf dem Menüplan, denn das Auf und Ab hält sich in Grenzen, sodass umso mehr Muße für die Würdigung der Umgebung bleibt.

Harmonische Kulturlandschaft bei den Oberberghütten

Unterwegs am weiten Höhenrücken des Kreuzjochs

... und gegenüber retour

Die Wende nach Süden wird mit einem Übergang eingeleitet, der ganz nah am wohl formschönsten Sarntaler Gipfel vorbeiführt. Gemeint ist das Weißhorn, das aus bestimmten Perspektiven betrachtet immer wieder den Vergleich mit dem berühmten Matterhorn hervorgerufen hat. Von seiner hohen Schulter steigen wir durchs einsame Oberbergtal bis nach Weißenbach ab und müssen das einzige Manko der Tour mit einer sechs Kilometer langen Talstrecke (die normalerweise per Bus zurückgelegt wird) hinnehmen. Denn eine Lücke im Wegenetz sowie der schroffe Charakter rund um Alplerspitze und Co. zwingen dem Normalwanderer diese Routenführung quasi auf. Durchs Sagbachtal gewinnen wir am sechsten Tag allerdings wieder das obere Stockwerk zurück und berauschen uns auf dem Höhenrücken des Tschögglbergs dann nochmals an einem weiten Horizont, ehe die Sarntaler Hufeisentour mit dem Abstieg nach Sarnthein ihren Ausklang findet.

Berge von eher behäbiger Form und in gedeckten Farben – das mag der erste spontane Eindruck gewesen sein. Wie viel Interessantes sich hinter dieser unauffälligen Fassade tatsächlich verbirgt, werden wir am Ende dieser Wanderwoche mit Erstaunen festgestellt haben ...

Am sechsten Tag durchwandern wir das Sagbachtal.

Bundschen – Rittner-Horn-Haus

Der Zustieg zum »Belvedere«

5.1

Das Rittner Horn wird seit 1893 von einem Schutzhaus gekrönt.

leicht | 12,4 km | 4.30 Std. | 1420 Hm | 60 Hm

Charakter: Fast stetiger Aufstieg, im unteren Teil Höfe- und Forststraßen, nach oben hin Wander- und Karrenwege. Zwischendurch auch steilere Abschnitte, aber nirgends anspruchsvoll.

Ausgangspunkt: Bei der Ausmündung des Röthenbachtals (901 m) knapp südlich von Bundschen im Sarntal

Endpunkt: Rittner-Horn-Haus (2259 m)

Höchster Punkt: Rittner Horn

Einkehr: Roaner

Gehzeiten: Bundschen – Windlahn 1.05 Std. – Roanerhof 1.10 Std. – Rittner Horn 2.15 Std.

Für den Einstieg in das Sarntaler Hufeisen kursieren mehrere Varianten, die mit unterschiedlichen Mühen verbunden sind. Im Sarntal selbst empfiehlt sich die Fraktion Bundschen als Ausgangspunkt. Kurz vor der Ortschaft, gegenüber einem Sägewerk, zweigt die schmale Zufahrt zum Weiler Windlahn ab. Wer die Möglichkeit hat, sich bis dort hinauf chauffieren zu lassen, spart eine gute Stunde auf dem Asphaltband. Ein Fahrzeug, das man später wieder abholen müsste, stünde natürlich ungünstig. In Windlahn halten wir uns rechts und gehen am Häusler (1257 m) vorbei, um kurz darauf mit etwas Zwischenabstieg das Tanzbachtal zu queren. Eine Forststraße samt Abkürzungen bringt uns über den Nörderhof und den schön gelegenen Eggerhof (1464 m) weiter zum Gasthof Roaner (1605 m) im Weiler Gißmann. Die ganze Zeit gilt

Variante: Vom Ritten her

Etwas weniger Anstrengung verspricht der Aufstieg von Pemmern (1538 m) am Ritten über das Unterhornhaus. Wer dabei die Seilbahn zur Schwarzseespitze einbezieht, erreicht das Tagesziel sogar schon nach nur 1.00 Std. über den harmlosen Südhang. Sonst benötigt man 2.30 Std.

die Wegnummer 2, auch beim scharf abknickenden Weiterweg, der mitunter etwas holprig wird.

Nächstes Ziel ist die Gißmannhütte (1860 m) am Sattelpunkt zwischen zwei Geländebuckeln. Nun lichtet sich der Wald, das Panorama gewinnt an Weite. Vorerst ist hauptsächlich der südliche und westliche Horizont offen. Wir halten uns an einen Rücken und steigen über die sogenannte Bergrast höher. Das »Horn« im Namen des Bergstocks, an dem man sich bewegt, ist schwerlich zu erkennen – allenthalben bestimmen sanfte, weit geschwungene Formen das Bild. Auf dem welligen Hochplateau der Rittner Alm sind noch einige Kurven auszugehen, ehe sich unser Karrenweg dem Kulminationspunkt des Rittner Horns (2259 m) nähert: gekrönt vom Würfel des gleichnamigen Hauses, das der Österreichische Touristenklub hier schon im Jahre 1893 errichtete. Das phänomenale Panorama – namentlich ostwärts, wo jetzt die versammelte Dolomitenprominenz Parade steht – mag diese Initiative erklären. Eine Nacht hier oben bei klarem Wetter ist gewiss die schönste Einstimmung auf die Sarntaler Hufeisentour!

Viehmauer am Rittner Horn; im Hintergrund die Ultner Berge

Rittner-Horn-Haus – Latzfonser Kreuz

Über Villanderer und Jocherer Alm

5.2

Die Hochweiden der Villanderer Alm

leicht | km 12,5 km | 4.30 Std. | ↑ 450 Hm | ↓ 400 Hm

Charakter: Leichte Bergwege über ausgedehnte Höhenrücken und Hochflächen, durchwegs gemäßigter Verlauf ohne steile Abschnitte. Einziges Problem können morastige Wiesenflächen sein, vor allem nach Regenfällen oder im Frühsommer (gegebenenfalls auf die Variante ausweichen).

Ausgangspunkt: Rittner-Horn-Haus (2259 m)

Endpunkt: Schutzhaus Latzfonser Kreuz (2311 m)

Höchster Punkt: Beim Kesselbild (2342 m)

Einkehr: Nur auf der Variante: Moar in Plun, Stöfflhütte, Gfohler Alm

Gehzeiten: Rittner Horn – Gasteiger Sattel 0.45 Std. – Rittner Bildstock 0.30 Std. – Scholer Bild 1.30 Std. – Latzfonser Kreuz 1.45 Std.

Wir verlassen das Porphyrpaket, welches den Gipfelblock des Rittner Horns bildet, in nördlicher Richtung. Mit den Nummern 1/3/7 geht es leicht abwärts, am unscheinbaren Buckel des Sattelbergs vorbei und zum Wegekreuz am Gasteiger Sattel (2056 m). Ab hier gibt es zwei Möglichkeiten zur Fortsetzung. Die stillere, die sich aber nur bei relativer Trockenheit empfiehlt, zieht mit 100 Meter Gegensteigung nordwestwärts zum Rittner Bildstock (2149 m) hinauf (Bezeichnung 1). An der Geländekante ergibt sich ein schöner Rundumblick. Beim jenseitigen Abstieg nicht der blau-weißen Markierung nach links folgen (obwohl dies eine weitere Variante über die Kapelle »Am Toten« wäre), sondern eher gerade hinab auf die Wiesenflächen der Villanderer Alm.

Variante: Über die Stöfflhütte

Wer befestigte Wege bevorzugt und dafür einen kleinen Umweg nicht scheut, steigt ab Gasteiger Sattel am besten zur Jausenstation Moar in Plun (1860 m) ab und hält sich dort links. Ein Gegenanstieg durch licht bewaldete Hänge führt zur Stöfflhütte (2057 m) und weiter zur Gfohler Alm, ehe wir mit einer kurzen Querverbindung Anschluss an die Hauptroute erhalten.

Sumpfige Passagen werden nun in aller Regel kaum ausbleiben, und nicht überall, wo es angebracht schiene, sind Bohlen verlegt. Wir durchqueren das weitläufige Gebiet in Grundrichtung Nord, kreuzen ab und zu mal einen Karrenweg und gelangen in leichtem Auf und Ab durch Latschenfelder zum Scholer Bild (2107 m). Der jetzt sanft ansteigende Höhenrücken der Jocherer Alm wird vom Untergrund her allmählich solider, die Umgebung zudem freier. Nordostwärts steuern wir auf den nicht besonders ausgeprägten Jochererberg zu und umgehen den Kammaufbau schließlich ostseitig über das Kesselbild (2342 m). Hinter dem Geländeeck wird schon das Latzfonser Kreuz (2311 m) sichtbar – kaum eine halbe Stunde später sind Kirchlein und Gasthaus in einem letzten Gegenanstieg erreicht. Es handelt sich um einen traditionellen Wallfahrtsort, den Latzfonser Bauern schon vor über 200 Jahren gründeten. Sie brachten damals einen »Schwarzen Herrgott« an diese markante Position, um Beistand bei der Abwendung schwerer, erntevernichtender Unwetter zu erbitten.

Am Latzfonser Kreuz steht für Wanderer und Pilger ein Schutzhaus bereit.

Latzfonser Kreuz – Marburger Hütte

In den Durnholzer Bergen

5.3

Kaum verändert steht die Marburger Hütte seit fast 100 Jahren am Sarntaler Ostkamm.

leicht | km 10,6 km | 4.15 Std. | 670 Hm ↑ | 500 Hm ↓

Charakter: Im Wesentlichen leichte Höhenwegverbindung auf relativ gleichbleibendem Niveau. Streckenweise steiniger Untergrund (sonst grasbewachsen) und ein wenig holprig, jedoch mit elementarer Trittsicherheit problemlos zu begehen.
Ausgangspunkt: Schutzhaus Latzfonser Kreuz (2311 m)
Endpunkt: Marburger Hütte (2481 m)
Höchster Punkt: Tellerjoch (2520 m)
Einkehr: Zwischendurch keine
Gehzeiten: Latzfonser Kreuz – Fortschellscharte 0.45 Std. – Tellerjoch 2.45 Std. – Marburger Hütte 0.45 Std.

Nach einer etwaigen Besteigung der Kassianspitze am frühen Morgen (siehe Kasten) queren wir auf dem Höhensteig von der Süd- in die Ostflanke des Ritzlar und vollenden den Bogen Richtung Fortschellscharte (2299 m). Achtung, der Hang ist teilweise steil. Auf der anderen Seite des Sattels lässt sich zunächst locker und unbeschwert abwärtsschlendern. Man folgt dann aber nicht dem Hauptweg Richtung Durnholz, sondern zweigt rechts auf den mit Nr. 13 bezeichneten Flankensteig ab. Binnen der nächsten zwei Marschstunden sind etliche seichte Geländestrukturen – stumpfe Hangrücken und die dazwischenliegenden Mulden – auszugehen. So schlängelt sich die Route mit geringen Höhenunterschieden unter den Gipfeln des Sarntaler Ostkamms

Extras: Kassianspitze (2581 m) und Tagewaldhorn (2708 m)

Da die Hausberge unserer Schutzhütten gern in das Programm einbezogen werden, hier zwei wertvolle Hinweise: Vom Latzfonser Kreuz führt ein gut markierter Steig am Kassiansee vorbei auf die Kassianspitze, wofür hin und zurück eine Gehzeit von 1.20 Std. zu veranschlagen ist. Ein wenig länger und anspruchsvoller ist der Abstecher von der Marburger Hütte auf das markante Tagwaldhorn, das zuletzt über seinen Ostgrat erstiegen wird.

entlang. Unterdessen werden Abzweige zur Schalderer Scharte und zur Pfannscharte passiert. Über die Hanglagen der Kofeljocher Alm nähern wir uns allmählich ansteigend und auch etwas steiniger dem Übergang am Tellerjoch (2520 m). Dort öffnet sich ein neues Blickfeld, halbrechts mit dem Einschnitt der Flaggerscharte, hinter der wir schon das Tagesziel erkennen. Ein Steilhang leitet jetzt zu einer Traverse durch die Blockflanke unterhalb der Jakobspitze (des höchsten Bergs im Sarntaler Ostkamm), an deren Ende wir auf den Hüttenweg (Nr. 16) von Durnholz herauf stoßen. Mit ihm durch die Flaggerscharte (2436 m) auf die Ostseite und mit wenigen Schritten zur geringfügig höher gelegenen Marburger Hütte (2481 m). Einst als Marburg-Siegener-Hütte vom Alpenverein eröffnet, verkörpert sie noch das urige Flair von Bergunterkünften traditioneller Prägung. Trubel ist hier wirklich ein Fremdwort.

Alpenrosenblüte im Frühsommer

Marburger Hütte – Penser Joch

Zum nördlichen Wendepunkt

5.4

Nördlich unterhalb der Hörtlanerscharte

mittel | 9,2 km | 4.10 Std. | 480 Hm | 750 Hm

Charakter: Etwas alpinerer Streckenabschnitt als zuvor, speziell im Bereich der Hörtlanerscharte, daher erhöhte Trittsicherheit vorteilhaft. Die Geländebeschaffenheit wechselt zwischen steinig und grasig, die konditionellen Anforderungen des Übergangs sind abermals moderat.

Ausgangspunkt: Marburger Hütte (2481 m)

Endpunkt: Alpenrosenhof (Penser-Joch-Haus, 2215 m)

Höchster Punkt: Hörtlanerscharte (2603 m)

Einkehr: Zwischendurch keine

Gehzeiten: Marburger Hütte – Hörtlanerscharte 0.35 Std. – Distelsee 1.05 Std. – Niedereck 1.20 Std. – Penser Joch 1.10 Std.

Von der Marburger Hütte brechen wir nordwärts auf und stehen schon bald über einem kleinen, steil abbrechenden Felsriegel, der mittels Sicherungen überlistet wird. Wenig später markiert die Hörtlanerscharte (2603 m) den höchsten Punkt der gesamten Hufeisentour (ohne Gipfel).

Der nordseitige Abstieg ist schuttreich, gestaltet sich aber leichter als gedacht, zumindest bei schneefreien Bedingungen. In Richtung der Hochböden halten wir uns rechts und passieren unterhalb der Traminscharte einen kleinen See (2302 m). Die urwüchsige Umgebung weiß zu gefallen, selbst wenn die Sarntaler Berge typischerweise nicht mit allzu markanten Formen aufwarten können. Immerhin macht das schneidige Tagwaldhorn die berühmte Ausnahme von der Re-

Extra: Tatschspitze (2526 m)

Wer für die heutige, nicht allzu lange Etappe einen »Mitnahmegipfel« sucht, ist mit der Tatschspitze gut beraten. Der Anstieg über den Westrücken, obgleich sandig und steindurchsetzt, bereitet keine besonderen Schwierigkeiten. Zusatzaufwand hin und zurück 1.30 Std.

gel. Eine zwischen dem Aufbau der Sulzspitze und dem Geländetrichter des Tramintals eingelagerte Terrasse zeichnet nun den Weiterweg vor. Es geht leicht auf und ab, später an weiteren Seeaugen vorbei. Über einen feuchten Boden holen wir gen Westen aus, um die Hochplatzen zu umgehen. Nach einer steindurchsetzten Hangtraverse landen wir im Kessel der Seebergalm, am Fuße der Tatschspitze. Gegenüber wird ein Gegenanstieg fällig, der uns zur Kammhöhe beim Niedereck bringt. Hier trifft man auch auf die nach rechts abzweigende Normalroute zur Tatschspitze.

Markant nach Westen abbiegend quert unsere Route ein Stück weit die brüchige Nordflanke. An einem Sattel wechseln wir in die grasige Südseite des Astenbergs (2367 m), der wahlweise auch auf dürftigen Spuren überschritten werden könnte. Der offizielle Weg führt indes nahezu höhengleich in weitem Bogen links herum und bietet dabei schöne Ausblicke ins Penser Tal und zum Sarner Westkamm. Vielleicht begegnen wir einer Schafherde, die sich am saftigen Gras gütlich tut. Am Ende senkt sich die Route zur Penser-Joch-Alm (2158 m) an der Passstraße, über die wir jetzt noch rund 15 Minuten bis zum Alpenrosenhof (2215 m) auf der Scheitelhöhe zurücklegen (alternativ auch über einen parallel geführten Pfad möglich).

Schafherde am Niedereck

5.5

Penser Joch – Weißenbach

Auf Tuchfühlung mit dem Sarntaler Matterhorn

Beim Abstieg ins Oberbergtal umschmeichelt uns bald wieder die Lieblichkeit.

mittel | km 12,4 km | 5 Std. | 400 Hm | 1280 Hm

Charakter: Am Grölljoch Steilschuttgelände, vor allem beim südwestseitigen Abstieg; Trittsicherheit erforderlich. Im Frühsommer können zudem Schneefelder Probleme bereiten. Sonst unschwierige Bergwege, im Obergbergtal teils spärlich markiert, gegen Ende Wirtschaftswege.

Ausgangspunkt: Alpenrosenhof am Penser Joch (2215 m)

Endpunkt: Weißenbach (1335 m) im Sarntal

Höchster Punkt: Grölljoch (2557 m)

Einkehr: Zwischendurch keine

Gehzeiten: Penser Joch
– Grölljoch 2.00 Std.
– Oberberghütten 1.45 Std.
– Weißenbach 1.15 Std.

Direkt gegenüber vom Gasthof nehmen wir Wegnummer 12a auf und wandern mit dem profilierten Weißhorn als Richtungszeiger zuerst zum Penser-Joch-See (2220 m). Nach und nach steigt die Route etwas an, wobei die Querungen insgesamt dennoch überwiegen. Zwischendurch wird auch mal die Kammhöhe tangiert. In weiterer Folge verzweigen sich die Spuren. Wir können über die Terrasse der Steinwandseen (2320 m) gehen, doch ist es meist günstiger, etwas höher in der Flanke der Gartlspitze zu bleiben. Über schuttreiche Karschwellen erreichen wir schließlich das Grölljoch (2557 m), wo die ausgesetzte Stichroute zum Weißhorn abzweigt.

Der Abstieg auf der Südwestseite ist anfangs ziemlich steil und für weniger erfah-

Extra: Penser Weißhorn (2705 m)

Geübte Berggänger, die sich routiniert in steilen Schrofen bewegen, werden am Grölljoch die Gelegenheit zu einem Seitensprung aufs nahe Weißhorn wahrnehmen. Über gestuftes Gelände (Stellen I mit viermaligen Sicherungen) ersteigt man im Rechts-links-Verlauf den Gipfelgrat und gelangt fast waagerecht nach rechts zum Kreuz. Hin und zurück 0.50 Std.

rene Wanderer vielleicht auch etwas heikel. Man verfolgt genau die Routenführung und tastet sich vorsichtig durch die geröllbedeckte Flanke tiefer. In der kargen Kesselmulde zwischen Weißhorn und Mudatsch sind die Schwierigkeiten aber schon ausgestanden. Nach rechts hinaus passieren wir eine Abzweigung zum Wannser Joch, halten uns an Nr. 9 und nehmen Kurs auf das idyllische Oberbergtal. Eine steilere Geländepartie unterhalb der verfallenen Oberbergalm (2144 m) wird im Zickzack bewältigt, ehe die Route auf sanfte Wiesenböden ausläuft. Auch wenn sich die Trasse hier mitunter etwas verliert, wird man zielsicher die Oberberghütten ansteuern. Auf einem Güterweg tauchen wir allmählich in den Wald ein und kommen in den Bereich, wo sich Ober- und Unterbergtal vereinigen. Talauswärts geht es zu den Winkhöfen (1442 m) und das letzte Stück bis Weißenbach (1335 m) auf einer Fahrstraße. Ausnahmsweise wird jetzt mal in einem Talort übernachtet, wofür sich der Murrerhof anbietet, alternativ auch das Hotel Feldrand oder der Rabensteinerhof beim weiter südlich gelegenen Weiler Muls (Fahrt dorthin ab Weißenbach per Bus möglich).

Zwischen Penser Joch und Grölljoch

5.6

Weißenbach (Aberstückl) – Meraner Hütte

Durchs Sagbachtal

Die Lahnerhöfe oberhalb von Aberstückl

leicht | km 9,8 km | 3.30 Std. | 980 Hm | 200 Hm

Charakter: Bergstraßen und Wirtschaftswege im Wechsel mit Fußsteigen, nur bei einer Grabentraverse etwas Vorsicht angezeigt. Sonst leicht und konditionell moderat.

Ausgangspunkt: Weißenbach (1335 m), von dort eventuell per Bus bis Haltestelle Aberstückl im Sarntal

Endpunkt: Meraner Hütte (1980 m)

Höchster Punkt: Missensteiner Joch (2128 m)

Einkehr: Durralm, Kaserwiesalm

Gehzeiten: Bushaltestelle – Aberstückl 0.30 Std. (ab Weißenbach zu Fuß 1.45 Std.) – Durralm 1.00 Std. – Missensteiner Joch 1.30 Std. – Meraner Hütte 0.30 Std.

Ab Weißenbach wird zunächst mit Vorteil der Bus talauswärts eingesetzt. Hinter einem Staubecken steigen wir aus, überschreiten als Erstes die Talfer und begeben uns dann zum Bergweiler Aberstückl (1329 m) hinauf. Man folgt dem kurvenreichen Bergsträßchen noch eine Weile, bis die Zufahrt zum Wippingerhof abzweigt. Gleich dahinter gelangen wir auf einen von der Grundschule Aberstückl gestalteten »Sagenweg«. Recht kühn nimmt sich die Querung eines wilden Tobels aus. Beim Eggerwiesl überschreiten wir den Hauptbach und stoßen auf einen Güterweg, der uns in Kürze zur Jausenstation Durralm (1568 m) bringt.

Nun geht es vorübergehend auf einem Waldsteig weiter ins obere Sagbachtal hi-

Extras: Großer Ifinger (2581 m) und Großer Mittager (2422 m)

Wer mit der Etappe noch nicht ausgelastet ist, kann vom Missensteiner Joch Richtung Oswaldkirchlein hinüberqueren, anschließend durch ein Kar zur Kammhöhe aufsteigen und an der Kuhleitenhütte vorbei den Ifinger anpacken. Der Ostgrat leitet direkt zum Kleinen Ifinger, während der Anstieg zum Hauptgipfel zuletzt rechts abzweigt und mit exponierten Klettersteigpassagen aufwartet: ein prickelndes Finale auf einen markanten Wächter über dem Meraner Land, aber nur für Geübte!
Deutlich leichter zu haben ist hingegen der Große Mittager, der von der Meraner Hütte via Mittagerhütte und Westrücken erreicht wird. Hin und zurück braucht man gut 2 Std. Beide Gipfel bieten eine stark erweiterte Aussicht.

Am Missensteiner Joch zeigen sich tiefe Erosionsspuren.

nauf. Auch die Kaserwiesalm (1794 m) lädt sommers zur Einkehr. Man verlässt dahinter die breite Trasse, überschreitet einen aus tiefen Rinnen gespeisten, verästelten Bach nach links und vollzieht ein paar Kehren, um schließlich vollends bis ins Missensteiner Joch (2128 m) anzusteigen. Aus dem Sarntal herauf ist dies stets die Route Nr. 13.

Wer sich bereits mit dem Kapitel über den E5 beschäftigt hat, weiß jetzt, was ihn erwartet. Das Skigebiet »Meran 2000« auf der Südseite des Jochs entbehrt leider der lieb gewonnenen natürlichen Harmonie. Wir steigen zur Kirchsteiger Alm ab und erreichen in kurzem Gegenanstieg die Meraner Hütte (1980 m) als Quartier vor dem letzten Abschnitt.

Meraner Hütte – Sarnthein

Sanfter Ausklang am Sarner Westkamm

5.7

Um die »Stoanernen Mandln« auf der Hohen Reisch ranken sich Sagen und Legenden.

leicht | km 11,7 km | 3.50 Std. | 170 Hm | 1180 Hm

Charakter: Vollkommen leichte Bergwanderwege über einen weitläufigen Höhenrücken (kaum Höhenunterschiede) und später ein 1000-Meter-Abstieg über die Abkürzungen einer Höfestraße.

Ausgangspunkt: Meraner Hütte (1980 m)

Endpunkt: Sarnthein (967 m)

Höchster Punkt: Kreuzjoch (2086 m)

Einkehr: Auener Alm, Sarner Skihütte

Gehzeiten: Meraner Hütte – Kreuzjöchl 0.35 Std. – Kreuzjoch 0.40 Std. – Auener Jöchl 0.35 Std. – Sarner Skihütte 0.45 Std. – Sarnthein 1.15 Std.

Die Schlussetappe des Sarntaler Hufeisens ist bis zum Auener Jöchl gleichlaufend mit dem E5, wie er in Kapitel 4.5 beschrieben ist. Wir verlassen also die Meraner Hütte südwärts, gehen bei einem Sattel rechts weiter durch den Spieler-Osthang und gelangen damit zum Kreuzjöchl (1984 m), wo bei einem Bildstock Weg Nr. 15 kreuzt. Geradeaus liegen nun die weiten Wiesenkuppen der Maiser Rast und des Kreuzjochs (2086 m) vor uns; auf Letzterem lädt eine Bank zur Rast. In allen Richtungen weit offenes Gelände mit entsprechend fantastischer Aussicht prägt diesen Höhenzug, der sich südwärts gegen das Auener Jöchl (1926 m) absenkt.

Hier schert die offizielle Hufeisentour links aus, nimmt also mit Nr. 2 den breiten Weg zur bewirtschafteten Auener Alm (1798 m) auf. Nur gut 20 Minuten später

Extra: Stoanerne Mandln (2001 m)

Vom Auener Jöchl empfiehlt sich ein Abstecher auf die Kuppe der Hohen Reisch, deren Steinmandl-Bataillon sicher schon aus der Entfernung unsere Neugier geweckt hat. Die aus roten Gesteinsplatten (Porphyr) aufgeschichteten Steinmänner sind bereits vor Jahrhunderten in schriftlichen Zeugnissen erwähnt. Rätselhaft bleibt, ob sie bloß aus Zeitvertreib der Hirten entstanden oder ob es gar kultische Hintergründe gibt. Jedenfalls gilt die Hohe Reisch seit alters auch als sagenumwobener Platz, wo Hexen gemeinsam mit dem Teufel wilde Orgien gefeiert und böse Unwetter ausgelöst haben sollen.

stoßen wir mit der Sarner Skihütte (1614 m) schon auf die nächste Einkehrstation, die vom Tal aus auch mit dem Auto angefahren werden kann. Wir benutzen jetzt die weiten Schleifen der Bergstraße aber nur selten und kürzen wo immer möglich über einen Wanderweg ab. An mehreren Streuhöfen vorbei führt er direkt hinunter nach Sarnthein (967 m), den Hauptort des Tals, wo eine bezaubernde und abwechslungsreiche Wochentour durch die stille Sarner Bergwelt ihr Ende findet. Beim großen Parkplatz jenseits der Talfer befindet sich die Busstation.

Im Hauptort Sarnthein endet die Sarntaler Hufeisentour.

Großartiger Blick über das Pfunderer Tal

6

Pfunderer Höhenweg

Der schönste Weg von Sterzing nach Bruneck

6 Pfunderer Höhenweg

Der schönste Weg von Sterzing nach Bruneck

Sonnenaufgang bei der Edelrauthütte

mittel | 68 km | 5 Tage | ↑ 5500 Hm | ↓ 5600 Hm

Charakter: Anspruchsvolles alpines Trekking von Hütte zu Hütte mit häufig langen Etappen, besonders am 3. Tag, daher hohe Anforderungen an die Ausdauer. Abschüssiges Gelände verlangt Trittsicherheit, als schwierigste Passage gilt die gesicherte Gaisscharte. Die Steige sind oft schmal und manchmal auch nur spärlich bis gar nicht als Trasse ausgeprägt (etwa im Blockgelände), die Route ist aber normalerweise zuverlässig markiert. Weithin schneefreie Verhältnisse sowie stabiles Wetter vor allem auf den langen Tagesmärschen sollten Voraussetzung sein.

Markierung: Fast durchgängig rot-weißer Kreis für den Pfunderer Höhenweg, dazu teilweise lokale Wegnummern

Ausgangspunkt: Wiesen (964 m), am Eingang ins Pfitscher Tal. Busverbindung von Sterzing, das ans Bahnnetz (Strecke Innsbruck – Bozen) angeschlossen ist.

Endpunkt: St. Georgen (823 m), im Tauferer Tal unweit von Bruneck (dichter Busfahrplan vorhanden). Bruneck erreicht man ebenfalls mit der Bahn von Bozen oder Sterzing (evtl. in Franzensfeste umsteigen).

Höchster Punkt: Rauhtaljoch (2808 m)

Beste Jahreszeit: Aufgrund des teils hochalpinen Charakters meist zwischen Ende Juni und Ende September günstig, allenfalls bis etwas in den Oktober hinein.

Karten: Tabacco, 1:25 000, Blätter 038 »Sterzing – Stubaier Alpen«, 037 »Hochfeiler – Pfunderer Berge« und 033 »Bruneck und Umgebung«

Stille Welt zwischen Eisack- und Ahrntal

Murmeltier

Unter den mehrtägigen Touren von Hütte zu Hütte ist der Pfunderer Höhenweg noch eine Art Geheimtipp. Das mag damit zusammenhängen, dass sich die Pfunderer Berge – eingeklemmt zwischen den firnglänzenden Häuptern des Zillertaler Hauptkamms und den schroffen Trutzburgen der Dolomiten – seit je im alpintouristischen Abseits befinden und vielleicht gar nicht so recht wahrgenommen werden. Ihrer buchstäblich stillen Zurückhaltung gemäß liegen die Reize oft gut versteckt und erfahren selten so weitreichende Würdigung wie andere Destinationen. Freilich stoßen wir hier auf Routen, die sich auch kaum als Trampelpfade für Massen eignen.

Gut so. Der Unberührtheit der Pfunderer Berge kommt dies zweifellos entgegen. Und wer imstande ist, lange Tagesmärsche über Stock und Stein durchzuhalten, wird erlebnismäßig reiche Ernte einfahren. Der Verfasser lernte den Pfunderer Höhenweg einst in einem außergewöhnlich warmen Frühsommer kennen, als sich selbst die Hochlagen bereits Mitte Juni in »wanderbarem« Topzustand präsentierten. Die Bergwiesen standen in voller Blüte, allenthalben legten die Alpenrosen purpurrote Teppiche aus, gesprenkelt durch das Gelb, Blau oder Zartrosa anderer Arten. Aber auch von einer altweibersommerlichen Begehung, wenn die Matten allmählich ihre ockerfarbene Tönung annehmen, die Nächte schon frisch und die Tage noch angenehm mild sind, lässt sich nur voller Begeisterung berichten. In der klaren Septemberluft stehen die Zillertaler Dreitausender froststarrend am nördlichen Horizont, während sich die

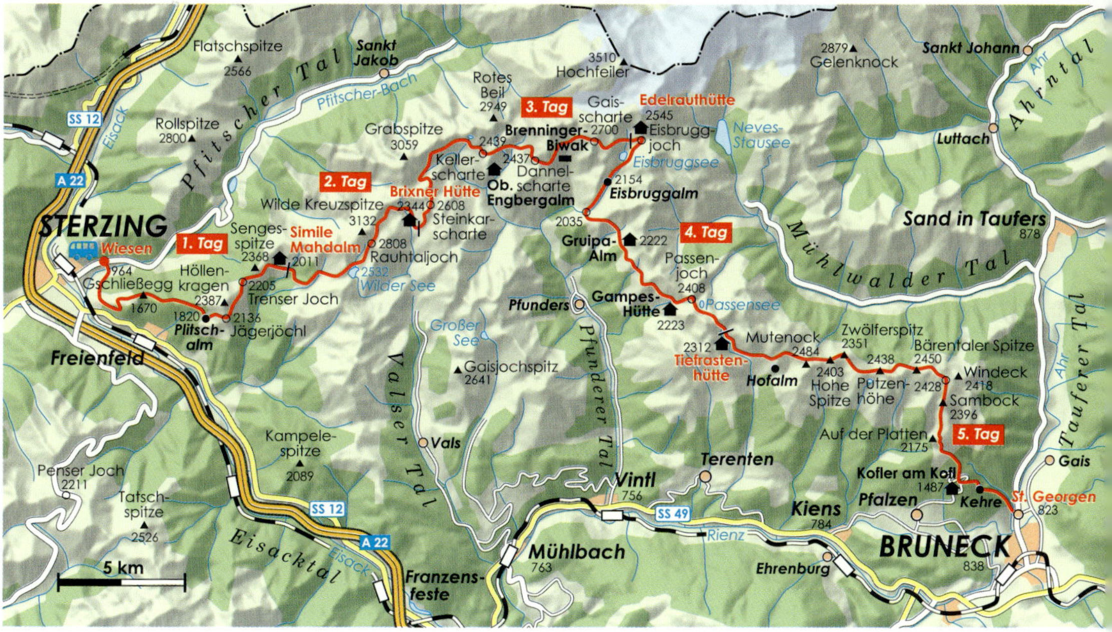

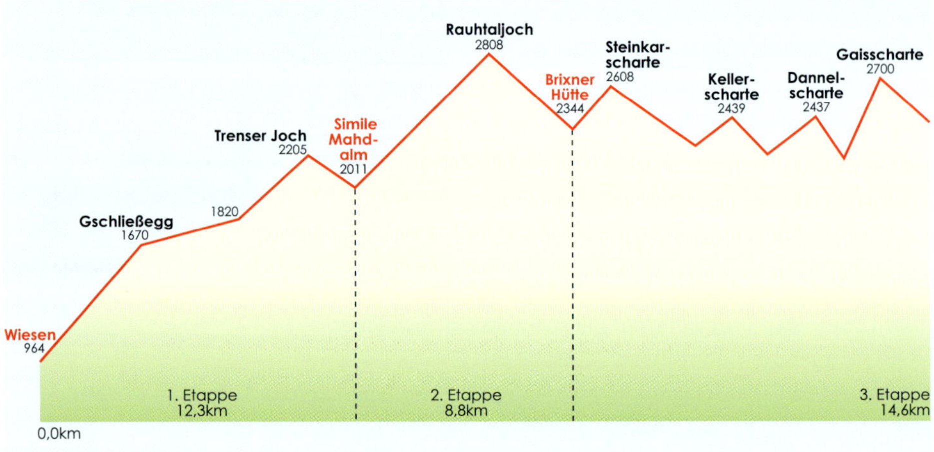

markanten Silhouetten der Dolomiten im Gegenlicht staffeln. Aussichtsmäßig hat man in den Pfunderer Bergen jedenfalls ein großes Los gezogen ...

Für gestandene Bergwanderer

Dass es sich bei diesem Höhenweg keinesfalls um einen Spaziergang handelt, wurde schon angedeutet. Oft ist man auf traditionellen Hirtensteigen unterwegs, die entsprechend wenig ausgetreten sind. Und das Relief – aus der Ferne betrachtet aufgrund seiner verwitterungsanfälligen Schiefergesteine vielleicht ein wenig unscheinbar – hat es im Detail durchaus in sich: Manch supersteile Wiesenflanke gerät bei Nässe zur prekären Rutschbahn. Vor allem aber müssen wir am Pfunderer Höhenweg tagtäglich eine solide Kondition unter Beweis stellen.

Dabei hält die Auftaktetappe die alpinen Elemente noch ein wenig auf Distanz. An den bewaldeten Vorbauten über dem Eisacktal können wir uns langsam eingewöhnen, das unverfälschte Ambiente Schritt für Schritt aufnehmen. Die Simile Mahdalm im oberen Sengestal passt als erster Stützpunkt bestens dazu. Am zweiten Tag empfängt uns mit dem Wilden See ein besonderes Kleinod. Wohl kaum jemand möchte auf

Die Etappen im Überblick

- 1. Tag: Wiesen – Simile Mahdalm, 6.00 Std.
- 2. Tag: Simile Mahdalm – Brixner Hütte, 4.00 Std.
- 3. Tag: Brixner Hütte – Edelrauthütte, 8.30 Std.
- 4. Tag: Edelrauthütte – Tiefrastenhütte, 6.30 Std.
- 5. Tag: Tiefrastenhütte – St. Georgen, 8.00 Std.

Übernachtungsmöglichkeiten

Simile Mahdalm (2011 m), Ende Juni bis Ende September, Tel. 0472/647162
Brixner Hütte (2344 m), AVS, Mitte Juni bis Mitte Oktober, Tel. 0472/547131
Walter-Brenninger-Biwak (2157 m), unbewirtschaftete Biwakhütte
Edelrauthütte (2545 m), CAI, Ende Juni bis Anfang Oktober, Tel. 0474/653230
Tiefrastenhütte (2312 m), AVS, Ende Mai bis Ende Oktober, Tel. 0474/554999
Kofler am Kofl (1487 m), ganzjährig, Tel. 0474/528161

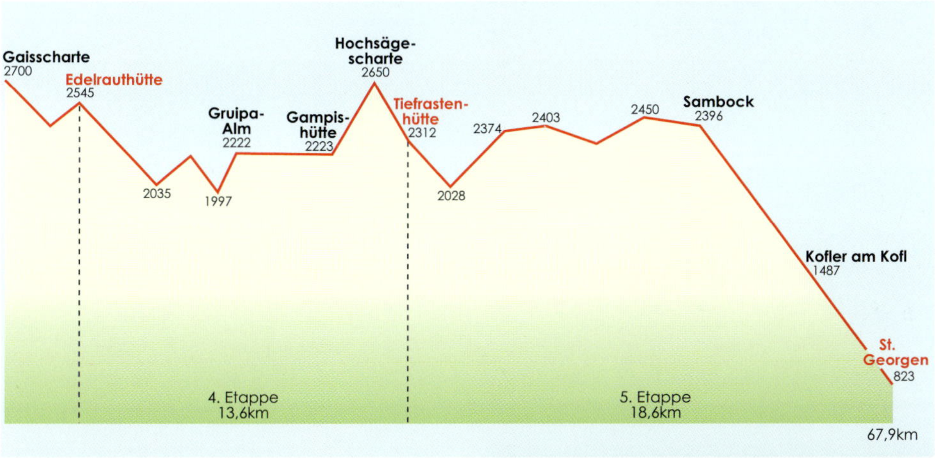

dieser relativ kurzen Etappe den Abstecher zur Wilden Kreuzspitze – mit 3132 Metern immerhin der höchste Gipfel der Pfunderer Berge und eine hochgepriesene Aussichtswarte – versäumen. Der Übergang von der Brixner- zur Edelrauthütte gilt dann als Prüfstein schlechthin auf unserem Höhenweg, müssen auf dieser Strecke doch vier Scharten und Joche überstiegen werden, was einerseits zwar die Anstrengungen maximiert, andererseits auch immer neue herrliche Perspektiven eröffnet. Denn kann man sich etwas Reizvolleres vorstellen, als stundenlang auf solch einsamen Pfaden durchs Gebirge zu wandern? Und genau dieses Versprechen halten auch die beiden letzten Etappen. Die vierte verläuft als Almsteig längere Zeit quer durch die Bergmähder über dem Pfunderer Tal und wechselt letztlich in den reizvollen Tiefrastenkessel, von wo anderntags aufgebrochen wird zur langen Überschreitung des Sambockkammes. Dort geht es gleich über eine ganze Reihe mehr oder weniger eigenständiger Gipfelerhebungen hinweg, ehe wir die Tour mit einem langen Decrescendo gegen das Pustertal auslaufen lassen.

Im blockreichen Weißsteinkar (3. Etappe)

Wiesen – Simile Mahdalm

Auftakt über dem Eisacktal

6.1

Am Gschließegg öffnet sich ein Blick ins Pfitscher Tal.

mittel | km 12,3 km | 6 Std. | 1450 Hm (Aufstieg) | 400 Hm (Abstieg)

Charakter: Im ersten Teil überwiegend Wald mit längeren Steigungsstrecken. Später eher offenes Gelände (Matten, selten schrofig), wobei zwischen Jagerjöchl und Simile Mahdalm teilweise abschüssige Hänge auf schmalen Pfaden zu queren sind. Hier besondere Vorsicht bei Nässe, Trittsicherheit wichtig!

Ausgangspunkt: Wiesen (964 m)

Endpunkt: Simile Mahdalm (2011 m)

Höchster Punkt: Pretzkopf (2240 m)

Einkehr: Zwischendurch keine

Gehzeiten: Wiesen – Pirchhof 0.45 Std. – Gschließegg 1.30 Std. – Plitschalm 1.15 Std. – Jagerjöchl 0.50 Std. – Trenser Joch 0.40 Std. – Simile Mahdalm 1.00 Std.

Gegenüber der Kirche von Wiesen (Bushaltestelle) halten wir uns südwärts, überschreiten den Pfitscher Bach und schneiden die erste Kehre der Bergstraße zum Wendelhof ab. Noch vor dem Gehöft lotst uns die einheitliche Bezeichnung des Pfunderer Höhenwegs weiter Richtung Pirchhof (1207 m), wo man auf eine große Weidelichtung hinaustritt. Im weiteren Verlauf gut auf die Markierung mit ihren Richtungswechseln achten, um nicht von »Forstautobahnen« fehlgeleitet zu werden. Durch meist dichteren Wald windet sich die Route bis zur weitläufig welligen Kammschulter am Gschließegg (1670 m) hinauf. Die Lärchenhaine werden sommers als Waldweide

Tipp: Höllenkragen (2387 m)

Als Variante zum offiziellen Pfunderer Höhenweg ließe sich der aussichtsreiche Höllenkragen überschreiten: entweder vom Jagerjöchl über den Südgrat oder bereits bei der Trenserjochhütte scharf links weg zum Westrücken und über diesen gipfelwärts. Der Mehraufwand beträgt ca. 0.30 Std.

genutzt und strahlen eine rechte Friedlichkeit aus. Schade nur, dass die Aussicht meist noch sehr eingeschränkt ist.

Beim Weiterweg gen Osten wird die Kammlinie phasenweise wieder verlassen, ohne dass wir jedoch nennenswert an Höhe verlieren. Einige Einfriedungen sind mit gewöhnungsbedürftigen Gatterkonstruktionen versehen – wer einen großen Rucksack trägt, wird's merken. Insgesamt steht uns aber bis zur Plitschalm (1820 m) ein erschwernisloser Abschnitt bevor, allmählich auch immer häufiger durch aufgelockerte Waldbestände. Die uneingeschränkte Sicht über das verkehrsgeplagte Eisacktal lässt sich allerdings erst genießen, nachdem mit einem kräftigen Anstieg an der Trenserjochhütte vorbei (2000 m, unbewirtschaftete Notunterkunft) das Jagerjöchl (2136 m) gewonnen ist. Es handelt sich um eine Schulter am Südgrat des Höllenkragens.

In dessen Südostflanke einschwenkend queren wir anschließend fast höhengleich hinüber zum Trenser Joch (2205 m), wo einige Stadel stehen und sich ein überraschender Blick ins Pfitscher Tal öffnet. Achtsamkeit gebieten die mitunter schmalen Pfade inmitten steiler Berghänge. Das gilt insbesondere auch für den letzten Abschnitt, falls wir die Abkürzung zur Simile Mahdalm wählen. In manchen Karten ist zwar der Schlenker über den Kamm der Sengesspitze als Pfunderer Höhenweg ausgewiesen, der angesichts des langen Anmarsches jedoch meistens aufgegeben wird. Wir schlagen also unmittelbar die Spur durch die Wiesenflanke ein, passieren den kreuzgeschmückten Vorsprung am Pretzkopf und kommen dahinter in die steilen Geländefalten der Knappwand hinein. Behutsam gehen wir diverse Trockenrinnen aus und erreichen schließlich die längst sichtbare Simile Mahdalm (2011 m) im oberen Sengestal. Neben dem Gastbetrieb wird sie noch ganz konventionell geführt.

Erster Anlaufpunkt am Pfunderer Höhenweg ist die Simile Mahdalm.

Simile Mahdalm – Brixner Hütte

Ins Herz der Pfunderer Berge

6.2

Alpenrosenblüte im oberen Sengestal

schwierig | km 8,8 km | 4 Std. | 800 Hm | 470 Hm

Charakter: Kürzerer Übergang, der im Bereich des Rauhtaljochs hochalpinen Charakter zeigt. Nordseitig oft ganzjährig Schneefelder, denen man später im Jahr meist ausweichen kann, ansonsten Feinschutt und Matten.

Ausgangspunkt: Simile Mahdalm (2011 m)

Endpunkt: Brixner Hütte (2344 m)

Höchster Punkt: Rauhtaljoch (2808 m)

Einkehr: Zwischendurch keine

Gehzeiten: Simile Mahdalm – Ochsenalm 0.45 Std. – Sengesjöchl 1.05 Std. – Rauhtaljoch 1.00 Std. – Brixner Hütte 1.10 Std.

Wir verlassen unser erstes Quartier am Pfunderer Höhenweg und folgen einem Almsteig, der bald einen Graben kreuzt und dann einen Bogen um die Hänge des Similekofels (unbenannt in der Tabacco-Karte) vollzieht. Hinter der kärglichen Ochsenalm (2210 m) gelangt man in das Hochtal unter der Fleischwand und hält sich später deutlich rechts. Hier lässt sich durch die Wiesenhangmulde von Schöneben das Sengesjöchl ansteuern, eine Jochsenke mit Überraschungseffekt: Denn gleich jenseits blinkt und blitzt der sagenumwobene Wilde See (2532 m) in der Sonne. Er soll fast 50 Meter tief sein, wie bereits im Jahre 1834 (!) ausgelotet wurde. Über seinem Ufer ist gewiss eine längere Rast fällig, es sei denn, man erliegt allzu schnell den Verlockungen der im Hintergrund aufragenden Wilden Kreuzspitze (siehe Kasten).

Extra: Wilde Kreuzspitze (3132 m)

Beinahe eine »Pflichtaufgabe« ist der Abstecher auf die Wilde Kreuzspitze, die als höchster Gipfel der Pfunderer Berge eine sagenhafte Aussicht über weite Teile Südtirols (und darüber hinaus) bietet. Theoretisch erblickt man gleichzeitig den Ortler und den Großglockner. Da die Etappe relativ kurz ist und der Gipfelanstieg selbst bei guten Verhältnissen keine besonderen Schwierigkeiten birgt, sollte man bei klarem Wetter die Gunst der Stunde nutzen. Auf passabler Steigspur in festgefügtem Schieferschutt wird die Wilde Kreuzspitze über die Südostseite flott und ohne Kletterstellen bestiegen, vom Abzweig nahe dem Rauhtaljoch hin und zurück 1.15 Std.

Deren Hangausläufer, die sich bis gegen die große Seemulde erstrecken, tragen nun den Schräganstieg Richtung Rauhtaljoch (2808 m). Nach einer Traverse nutzen wir zuerst eine Art Terrasse und gewinnen anschließend über feinen, erdigen Schutt den markanten Einschnitt zwischen der Wilden Kreuzspitze und der Blickenspitze.

Auf der Nordseite des Jochs geht es ins düstere Rauhtal hinunter. Je nach Verhältnissen werden wir uns für die Schneefelder in der Mitte oder für die linke Seite, wo im Laufe des Sommers Steigspuren ausapern, entscheiden. Steigeisen sind freilich nur in ungünstigen Ausnahmefällen nötig. Ein vorübergehend etwas steilerer Hang leitet schließlich in den weiten, begrünten Kessel der Pfannealm, wo wir rechts eindrehen und unsere Schritte Richtung Brixner Hütte (2344 m) auslaufen lassen. Mit ihr besitzt der Südtiroler Alpenverein einen gemütlichen Hort im ruhigen Valser Talschluss.

Einen Abstecher auf die Wilde Kreuzspitze sollten wir nicht versäumen. Im Blick das vergletscherte Hochfeiler-Massiv.

6.3

Brixner Hütte – Edelrauthütte

Marathonetappe über vier Scharten

An der Dannelscharte. Im Hintergrund Wurmaulspitze, Wilde Kreuzspitze, Grabspitze

schwierig | km 14,6 km | 8.30 Std. | 1400 Hm ↑ | 1200 Hm ↓

Charakter: Sehr lange, alpine Etappe, die abschnittsweise in groben Blockfeldern, meist aber in steindurchsetzten Matten verläuft. Schlüsselstelle ist die gesicherte Ostseite der Gaisscharte. Nordseitig der Steinkarscharte Vermurungen in Steilschutthängen. Selten besonders ausgeprägte Trasse, mitunter auch regelrecht weglos, jedoch stets ausreichend markiert. Vor allem konditionell, aber auch hinsichtlich der Trittsicherheit anspruchsvoll.

Ausgangspunkt: Brixner Hütte (2344 m)

Endpunkt: Edelrauthütte (2545 m)

Höchster Punkt: Gaisscharte (2700 m)

Einkehr: Zwischendurch keine, allenfalls bei Abstieg zur Oberen Engbergalm (2123 m)

Gehzeiten: Brixner Hütte – Steinkarscharte 0.50 Std. – Weitenberg 1.25 Std. – Kellerscharte 0.45 Std. – Dannelscharte 1.30 Std. – Gaisscharte 2.15 Std. – Edelrauthütte 1.45 Std.

Die dritte Etappe des Pfunderer Höhenwegs fordert uns am meisten, gestaltet sie sich doch nicht nur ziemlich rau, sondern mit ihrem wiederholten Auf und Ab auch sehr langwierig. Es darf aber der Hinweis gegeben werden, dass man mit einem zwischenzeitlichen Abstieg gegebenenfalls in der Oberen Engbergalm (wegen Bewirtschaftung vor Ort erkundigen) oder notfalls auch im Brenninger-Biwak unterschlüpfen kann. Gleichwohl wird man nach Kräften um ein »Durchziehen« bemüht sein.

Der erste Aufstieg zur Steinkarscharte (2608 m) zeigt sich von der gutmütigen Seite. Drüben macht uns allerdings mürbes Schottergelände bereits etwas zu schaffen, insbesondere wo einige Kehren des Steiges durch Muren halb weggerissen sind. So ist man froh, nach dem steilen Zickzack links auf die leichtere Hangtraverse durchs Gasserkar hinausqueren zu können. Man achte dabei auf den Abzweig, denn ein Pfad zieht auch geradeaus abwärts zur Weitenbergalm. Über eine Anhöhe gelangen wir zu einem feuchten Schwemmboden (»Zu Moose«), nehmen die vom Pfunderer Joch kommende Route auf und umkurven einen Hügel. Kurze Zeit später weisen uns die rotweißen Kreise, den Hauptweg nach links zu verlassen.

Wir befinden uns jetzt mitten im Weitenbergkessel, der seinem Namen Ehre macht. Man lässt den großen Boden allmählich zurück und folgt einem insgesamt schräg ansteigenden Kurs durch die Kesselflanken gen Osten. Das Gelände ist nicht schwierig, doch dauert es seine Zeit, bis wir den nächsten Überstieg an der grasigen Kellerscharte (2439 m) erreicht haben. Gelegenheit, um zurückzuschauen auf das Dreitausender-Triumvirat der Pfunderer Berge (Wurmaulspitze, Wilde Kreuzspitze und Grabspitze).

Nach einem Abwärtsstück bleiben wir relativ hoch am Hang und kreuzen den Steig zum Grindlbergsee, der von der Oberen Engbergalm (2123 m) heraufkommt. Dort kann die Etappe im Bedarfsfall unterbrochen werden. Ansonsten geht es weiter um eine Hangkante zu einer Bachquerung und gleich dahinter kurzzeitig steil abwärts (in der Tabacco-Karte nicht genau eingezeichnet). Nun gilt es, das Kar des Engbergkessels im großen Bogen auszugehen. Die Route steigt allmählich wieder an, mogelt sich über eine Geländerippe hinweg und gewinnt schließlich nach einer kurzen abschüssigen Schrofenstelle die Dannelscharte (2437 m). Auch sie gehört zu den ausgesuchten Rastplätzen.

Auf der anderen Seite bringt uns eine Hangmulde gut 200 Meter tiefer. Dann setzen wir links zur Querung eines ausgesetzten, von Felsplatten durchsetzten Abhangs an, wobei fixe Seile schwächere Nerven beruhigen. Die Traverse öffnet den Zugang ins ausgedehnte Weißsteinkar. Falls langsam die Kräfte schwinden oder anderes Ungemach droht, kann an dieser Stelle auf das Brenninger-Biwak (2157 m) ausgewichen werden. Es liegt ein Stück unterhalb des normalen Routenverlaufs und ist bei dichtem Nebel unter Umständen gar nicht so leicht zu finden. Im Übrigen kostet der Gegenanstieg hinauf zur Gaisscharte (2700 m) nochmals gehörig Energie, zumal wir uns nun zunehmend mit grobem Blockwerk auseinanderzusetzen haben. Mühsam erreicht man die enge Bresche am höchsten Punkt des Tages und fährt beim Anblick der steil abbrechenden Ostseite womöglich sogar zusammen.

Rund 20 Meter müssen hier mithilfe von Ketten und einzelnen Eisenkrampen abwärtsgeklettert werden – bergsteigerischer Prüfstein schlechthin auf dem Pfunderer Höhenweg. Anschließend geht es quer durch das Obervalskar und abermals über reichlich Blockwerk. Mit einzelnen nicht immer übersichtlichen Steilstücken zwischen Geländeterrassen arbeiten wir uns bis in eine Hochmulde oberhalb des Eisbruggsees hinunter und müssen schließlich einen letzten Gegenanstieg über holpriges Blockgelände leisten, bevor endlich die Edelrauthütte (2545 m) erreicht ist. Das altehrwürdige Schutzhaus am Eisbruggjoch sieht in Bälde einer Generalsanierung entgegen. Für uns ist es das ersehnte Ziel eines wirklich langen Marschtages!

Edelrauthütte – Tiefrastenhütte

Über die Pfunderer Hochalmen

6.4

An der Hochsägescharte vor der Kulisse der Zillertaler Alpen

mittel | km 13,6 km | 6.30 Std. | ↑ 920 Hm | ↓ 1150 Hm

Charakter: Lange Etappe auf oft schmalen Pfaden quer durch steile Berghänge, später über das Blockwerk unterhalb der Hochsägescharte. Trittsicherheit vorteilhaft, bei optimalen Verhältnissen aber allenfalls im Valzerer Graben unangenehme Stellen. Bei Nässe erhöhte Vorsicht in abschüssigen Hängen!

Ausgangspunkt: Edelrauthütte (2545 m)

Endpunkt: Tiefrastenhütte (2312 m)

Höchster Punkt: Hochsägescharte (2650 m)

Einkehr: Gruipa-Alm, Gampishütte

Gehzeiten: Edelrauthütte – Eisbruggalm 0.50 Std. – Kuhscharte 0.50 Std. – Hauerhütte 0.30 Std. – Gruipa-Alm 0.50 Std. – Gitsch-Schupfen 0.45 Std. – Gampisalm 0.40 Std. – Passenjoch 0.30 Std. – Hochsägescharte 0.55 Std. – Tiefrastenhütte 0.40 Std.

Eingestimmt von einem traumhaften Sonnenaufgang am Eisbruggjoch, den Langschläfer leicht versäumen könnten, verabschieden wir uns von der Edelrauthütte (2545 m) und steigen südwestwärts in das Hochtal ab. Mäßiges Gefälle begleitet uns am stattlichen Eisbruggsee (2351 m) vorbei zur Eisbruggalm (2154 m) und weiter zu einem Boden, wo noch die Grundmauern alter, längst verfallener Almen zu erkennen sind. Kurz darauf wird bei P. 2035 der Hüttenweg nach links über eine Brücke verlassen, um am gegenüberliegenden Hang zur Kuhscharte (ca. 2180 m) – topografisch eher

Extra: Hochgrubbachspitze (2809 m)

Rund um die Tiefrastenhütte gibt es eine Reihe lohnender Gipfelziele. Am günstigsten erscheint ein Abstecher zur Hochgrubbachspitze, dessen Normalweg (Nr. 24) auf der Südseite der Hochsägescharte abzweigt. Nach der schwierigsten Stelle (I) gleich am Anfang zieht ein Schuttsteig in der Südostflanke höher, ehe das Finale am Ostgrat nochmals ein wenig Händeunterstützung verlangt. Hin und zurück gut 1 Std.

eine Bergschulter – anzusteigen. Eine kurze Traverse nach links bringt uns dann fast höhengleich zum Sattel am Riegler. Im Frühsommer blüht es hier in beinahe verschwenderischer Pracht. Ein vorübergehend steiler Abstieg führt zur Hauerhütte (2046 m) und damit in das Einzugsgebiet des Valzarer Bachs, dessen verästelte Gerinne wir nachfolgend recht verschlungen queren müssen. Im Einzelnen sind es drei Tobel, ehe man aus dem Grabensystem entkommt und mit einigen Kehren auf eine Geländeschulter aussteigt. Wenig später treffen wir bei der urigen Gruipa-Alm (2222 m) ein.
Die nächsten anderthalb Stunden bedeuten leichtes Höhenwandern. Auf etwa 2200, 2300 Metern schneidet unser Pfad die Matten über dem Pfunderer Tal und gewährt ständig eine herrliche Aussicht, wobei vis-à-vis der Wurmaulkamm dominiert. Um einen Hangrücken gehen wir den Kessel der Mitterhofer Alm aus und gelangen zu den spartanischen Gitsch-Schupfen (2317 m) am nächsten vorspringenden Eck. Weiterhin meist schmal geführt, aber ohne besondere Hindernisse setzt sich die Traverse bis zur Gampishütte (2223 m) fort, wo wir uns während der Almzeit vor einem längeren Gegenanstieg nochmals stärken können.
Ein erodierter Weg leitet durch eine Hangmulde gegen das Passenjoch (2408 m) hinauf. Szenenwechsel: Die vergletscherten Gipfel des Zillertaler Hauptkamms treten ins Blickfeld. Scharf rechts einschwenkend finden wir knapp oberhalb des Passensees besonders schöne Plätzchen, um dieses starke Bild auf uns wirken zu lassen. Über gröberes Blockwerk wird der Schlussanstieg zur Hochsägescharte (2650 m) nun mühsamer, doch in Vorfreude auf den bezaubernden Tiefrastenkessel stellen wir uns der Aufgabe ohne Zagen. Jenseits müssen wir auf rund hundert steilen Höhenmetern nochmals Vorsicht walten lassen, dann läuft der Weg allmählich gutmütiger zur Tiefrastenhütte (2312 m) und ihrem gleichnamigen See aus. Bei Regina und Oswald werden wir aufs Herzlichste empfangen und bestens versorgt – ein perfekter Ausklang für diese abwechslungsreiche vierte Etappe.

Blick in den Engbergkessel

Tiefrastenhütte – St. Georgen

Pustertaler Kammwanderung

6.5

Einer der Eisriesen im Zillertaler Hauptkamm: der Turnerkamp

mittel | km 18,6 km | 8 Std. | 880 Hm ↑ | 2370 Hm ↓

Charakter: Weitgehend unschwierige Bergwege, über lange Strecken kaum ausgesetzten, grasigen Kämmen folgend. Nur am Sambock-Nordgrat und an der Bärentaler Spitze ein paar felsige Passagen, die Trittsicherheit erfordern. Zuletzt langwieriges Bergab bis ins Tal, weshalb die Etappe Ausdauer verlangt (in umgekehrter Richtung sogar sehr anstrengend).

Ausgangspunkt: Tiefrastenhütte (2312 m)

Endpunkt: St. Georgen (823 m)

Höchster Punkt: Bärentaler Spitze (2450 m)

Einkehr: Kofler am Kofl (1487 m)

Gehzeiten: Tiefrastenhütte – Kleines Tor 1.30 Std. – Zwölferspitz 0.50 Std. – Putzenhöhe 0.50 Std. – Bärentaler Spitze 0.50 Std. – Sambock 1.10 Std. – Kofler am Kofl 1.40 Std. – St. Georgen 1.10 Std.

Die letzte Etappe des Pfunderer Höhenwegs folgt über längere Zeit dem Kamm zwischen Mühlwalder Tal und Pustertal und überschreitet dabei eine ganze Reihe wenig herausgehobener Gipfelpunkte, die freilich allesamt eine schöne Aussicht Richtung Zillertaler Hauptkamm einerseits sowie den Dolomiten andererseits bieten. Zunächst gilt es aber, von der Tiefrastenhütte knapp 300 Höhenmeter bis zu einem Boden abzusteigen. Hier trennt sich der Pfunderer Höhenweg vom normalen Hüttenweg und zieht an den linksseitigen Hängen durch Alpenrosengebüsch wieder bergan. Wir erreichen eine markante Geländeabstufung und schlagen einen Bogen über die Wiesenterrasse oberhalb der Hofalm. Feuchte Stellen können etwas unbehaglich sein. Links neben dem auffälligen Mutenock öffnet sich für uns der Durchschlupf am Kleinen Tor (2374 m).

Dahinter steigt man jedoch nicht ins Mühlwalder Tal ab, sondern hält rechts am Hang die Höhe und traversiert somit die Nordflanke des Mutenocks. Aus einem Sattel erfolgt der Anstieg zu unserem ersten Kammgipfel, der Hohen Spitze (2403 m). Der zweite, gegen Mühlwald vorspringende heißt Zwölferspitz (2351 m). Hier knickt der Kammverlauf vorübergehend nach Südosten ab, um sich an der nächsten Kuppe wieder in die ursprüngliche Ostrichtung zu wenden. In leichtem Auf und Ab erreichen wir das Kreuz auf der Putzenhöhe (2438 m), die bei Einheimischen auch als Grünbachspitze bekannt ist. Über ihren östlichen Vorgipfel geht es weiter in die nächste Kammsenke, wobei wie üblich kaum 100 Meter eingebüßt werden. Da sich das Spiel über die blockige Bärentaler Spitze (2450 m) sowie einen weiteren unbenannten, aber kreuzgeschmückten Gipfel fortsetzt, summiert sich mit der Zeit doch Zählbares auf. Bei P. 2428 schwenken wir dann markant nach Süden auf den Kammausläufer zum Sambock ein und lassen das Windeck damit links liegen. Dieses folgende Stück trägt die schwierigsten Passagen, die an etwas ausgesetzten Felsen auch mal leichte Unterstützung der Hände verlangen und hier und da gesichert sind. Mit dem Sambock (2396 m) endet der ausgiebige Gipfelreigen – Anlass genug, um bei einer Rucksackjause nochmals in die Runde zu blicken.

Der lang gestreckte, breite Südrücken zeichnet anschließend den Abstiegskurs vor. Wir folgen ihm bis vor die ausgeprägte Wetterkreuz-Schulter der »Platte« (2175 m) und drehen dort links ab. Allmählich taucht man in bewaldetes Terrain ein, passiert die Geigerhütte (1962 m) auf der Stockpfarreralm und orientiert sich nun stets an der lokalen Bezeichnung 66. In mäßigem Gefälle wandern wir hinunter zum Berggasthof Kofler am Kofl (1487 m), der eventuell von einem Kleinbus bedient wird. Muss oder möchte man auch das letzte Stück zu Fuß bewältigen, steigt man weiter über die Kehrer Höfe ab, kreuzt mehrmals eine Forststraße und kommt schlussendlich im Ortsteil Gissbach heraus. Die Bushaltestelle befindet sich an der Ahrntaler Hauptstraße in St. Georgen, jenseits der Ahrbrücke.

Die letzte Etappe hält eine tolle Kammüberschreitung bereit.

Ein Schauspiel sondergleichen: Alpenglühen an der Civetta

7

Dolomiten-Höhenweg Nr. 1

Der Klassiker vom Pragser Wildsee nach Belluno

Dolomiten-Höhenweg Nr. 1

Der Klassiker vom Pragser Wildsee nach Belluno

7

Vom Zahn der Zeit zernagt: mürbe Flanken an der Antonispitze (Fanesgebiet)

mittel | km 113 km | 9 Tage | 7300 Hm | 8300 Hm

Charakter: Vorwiegend normale, gut bezeichnete Bergwanderwege, die sich auch für weniger Erfahrene eignen. Kürzere Passagen erfordern elementare Trittsicherheit. Eine Ausnahme bildet die abschließende Überschreitung der Schiara auf einem Klettersteig, der gemessen am Sonstigen sehr schwierig ist (vorheriger Ausstieg möglich). Die Etappen müssen dank der Hüttendichte nicht lang ausfallen; man kann also auch 10 oder 12 Tage einplanen.

Markierung: Regelmäßig taucht das blaue Dreieck mit der »Eins« als Symbol der Höhenroute auf. Daneben ist alles mit lokalen Wegnummern ausgeschildert.

Ausgangspunkt: Pragser Wildsee (1494 m), am Ende des Pragser Tals (gebührenpflichtiger Parkplatz). Die Busverbindung vom Bahnhof Toblach kann man vorteilhaft schon für die Anreise nutzen.

Endpunkt: Bolzano Bellunese (498 m), Vorort im Norden von Belluno mit guter Busverbindung. Rückreise nach Toblach per Bus mit Umsteigen in Tai di Cadore und Cortina d'Ampezzo.

Höchster Punkt: Rifugio Nuvolau (2575 m) oder eventuell Rifugio Lagazuoi (2752 m)

Beste Jahreszeit: Durch Hüttenöffnungszeiten Ende Juni bis Mitte/Ende September, auch wenn im Oktober oft noch günstige Verhältnisse herrschen.

Karten: Tabacco, 1:25 000, Blatt 031 »Pragser Dolomiten – Enneberg«, 03 »Cortina d'Ampezzo«, 025 »Dolomiti di Zoldo, Cadorine e Agordine« und 024 »Prealpi e Dolomiti Bellunesi«

Der erste Weitwanderweg durch die »Bleichen Berge«

Es war eine Initiative, um den vernachlässigten südlichen Dolomitenregionen mehr Aufmerksamkeit zu verschaffen, sie an einer sanften Variante des Tourismus teilhaben zu lassen, als in den 1960er-Jahren von Gebietskennern – allen voran Dr. Piero Rossi aus Belluno – das Modell der Dolomiten-Höhenwege entworfen wurde. Weitwandern gewann damals generell an Zuspruch, und da kam eine landschaftlich fulminante Route durch eine der aufregendsten Alpengegenden natürlich gerade recht. Als Ergebnis ihrer Erkundungen konnten die Initiatoren schließlich den Höhenweg Nr. 1 zwischen dem Pragser Wildsee und Belluno ausrufen. Zigtausendfach dürfte er in den vergangenen fast 50 Jahren begangen worden sein – ein Weg mit Klassikerstatus, der vermutlich niemals von seiner Faszination verlieren wird.

Ein Bilderbogen der Extraklasse

Mitentscheidender Grund für den Erfolg des »Einsers« – an den die meisten Nachfolgerrouten übrigens nicht anknüpfen konnten – ist vermutlich das moderate Schwierigkeitsniveau, das erst ganz am Schluss einen Ausreißer erfährt, wie wir noch sehen werden. Die Strecke ist gut erschlossen, ohne dass die Ursprünglichkeit allzu sehr darunter gelitten hätte. Und wenn wir hier und da doch auf unrühmliche Auswirkungen des Tourismus blicken, so trägt unser Höhenweg daran wohl am wenigsten Schuld.

Vor allem aber ist es der großartige Bilderbogen – angefangen beim sagenumwobenen Pragser Wildsee, später in den märchenhaften Fanesbergen, unter den Ampezzaner Felsriesen, in all den stillen, verborgenen Winkeln zwischen Zoldano und Agordino und zuletzt auch noch an der

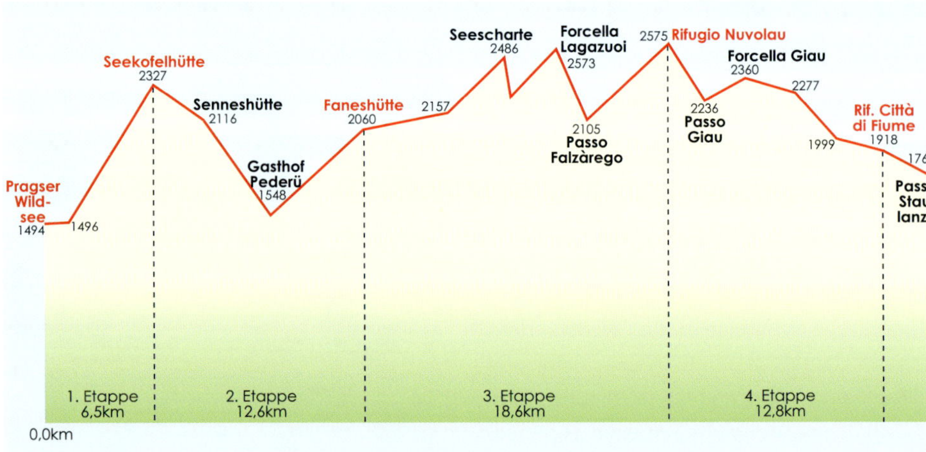

Übernachtungsmöglichkeiten

Seekofelhütte (2327 m), CAI, Mitte Juni bis Ende September, Tel. 0436/866991
Senneshütte (2116 m), Anfang Juni bis Mitte Oktober, Tel. 0474/501092
Gasthof Pederü (1548 m), ganzjährig, Tel. 0474/501086
Faneshütte (2060 m), Anfang Juni bis Ende Oktober, Tel. 0474/501097
Lavarellahütte (2042 m), Anfang Juni bis Ende Oktober, Tel. 0474/501079
Rifugio Lagazuoi (2752 m), Mitte Juni bis Ende September, Tel. 0436/867303
Rifugio Averau (2413 m), Mitte Juni bis Ende September, Tel. 0436/4660
Rifugio Nuvolau (2575 m), CAI, Mitte Juni bis Ende September, Tel. 0436/867938
Rifugio Cinque Torri (2137 m), Mitte Juni bis Ende September, Tel. 0436/2902
Rifugio Croda da Lago (2046 m), CAI, Mitte Juni bis Ende September, Tel. 0436/862085
Rifugio Passo Giau (2236 m), ganzjährig, Tel. 346/0696745
Rifugio Città di Fiume (1918 m), CAI, Mitte Juni bis Mitte September, Tel. 0437/720268
Rifugio Passo Staulanza (1766 m), ganzjährig, Tel. 0437/78566
Rifugio Sonino al Coldai (2132 m), CAI, Mitte Juni bis Mitte September, Tel. 0437/789160
Rifugio Tissi (2250 m), CAI, Ende Juni bis Mitte September, Tel. 0437/721644
Rifugio Vazzolèr (1714 m), CAI, Mitte Juni bis Mitte September, Tel. 0437/660008
Rifugio Carestiato (1834 m), CAI, Mitte Juni bis Mitte September, Tel. 0437/62949
Rifugio Tomè (1601 m), Anfang Juni bis Ende September, Tel. 0437/62006
Rifugio San Sebastiano (1601 m), ganzjährig, Tel. 0437/62360
Rifugio Sommariva al Pramperèt (1857 m), CAI, Mitte Juni bis Mitte September, Tel. 337/528403
Rifugio Pian de Fontana (1632 m), Mitte Juni bis Mitte September, Tel. 335/6096819
Rifugio Bianchet (1245 m), CAI, Anfang Juni bis Ende September, Tel. 0437/669226
Bivacco del Màrmol (2266 m), unbewirtschaftete Biwakschachtel
Rifugio 7° Alpini (1502 m), CAI, Mitte Juni bis Ende September, Tel. 0437/941631

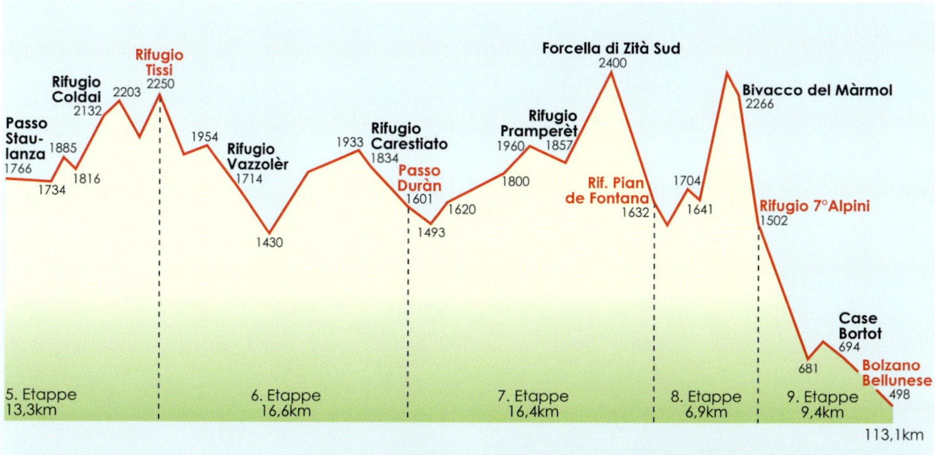

Die Etappen im Überblick

- 1. Tag: Pragser Wildsee – Seekofelhütte, 3.30 Std.
- 2. Tag: Seekofelhütte – Faneshütte, 4.15 Std.
- 3. Tag: Faneshütte – Rifugio Nuvolau, 7.30 Std.
- 4. Tag: Rifugio Nuvolau – Rifugio Città di Fiume, 5.00 Std.
- 5. Tag: Rifugio Città di Fiume – Rifugio Tissi, 5.30 Std.
- 6. Tag: Rifugio Tissi – Passo Duràn, 6.15 Std.
- 7. Tag: Passo Duràn – Rifugio Pian de Fontana, 7.20 Std.
- 8. Tag: Rifugio Pian de Fontana – Rifugio 7° Alpini, 6.00 Std.
- 9. Tag: Rifugio 7° Alpini – Bolzano Bellunese, 3.00 Std.

wilden Schiara-Bastion –, der uns Tag für Tag über alle Maßen in Bann zieht. Dolomitenlandschaften sind einfach unvergleichlich. Sie rauben uns immer wieder den Atem und lassen das Herz vor Freude hüpfen. Auf dem Dolomiten-Höhenweg Nr. 1 können wir das Weitwandern inmitten einer wilden Felsenwelt zelebrieren, aber doch ohne allzu große bergsteigerische Hürden. Das gilt im Grunde für jeden leidlich Trittsicheren, selbst wenn es um die alpine Erfahrung noch nicht so gut bestellt ist. Gerade auf dieser Route hat manch einer ja erst das Bergwandern für sich entdeckt.

Traumfleck auf der fünften Etappe: der Lago Coldai unter den Felsmassen der Civetta

Das wuchtige Pelmo-Massiv vom Nuvolau aus gesehen

Bekannter Norden, einsamer Süden

Während der ersten Tage wird man selten allein sein. Zu populär sind ein Pragser Wildsee mit der Normalroute Richtung Seekofel, die Plateaus von Sennes und Fanes oder die Gegend um den Falzàregopass, als dass die hehre Bergeinsamkeit hier zu erwarten wäre. Jedenfalls in der Hauptsaison, auf die wir wegen der Hüttenöffnungszeiten ja in aller Regel angewiesen sind. Freilich bieten die landschaftlichen Gegensätze Labsal genug. Einmal stehen wir vor himmelstrebenden Felsgemäuern, dann wieder breiten sich weite, wellige Hochflächen vor dem Auge aus und erinnern uns daran, dass in den »Bleichen Bergen« beileibe nicht alles vertikal ausgerichtet ist.

Auf der dritten Etappe verlassen wir Südtirol und kommen in die Provinz Belluno. Jenseits des Passo Giau, wo der starke Einfluss des Cortineser Fremdenverkehrs allmählich nachlässt, wird es zwischenzeitlich auch schon ruhiger. Zwar treten mit Pelmo und Civetta nochmals zwei echte Dolomiten-Glanzstücke in Erscheinung, doch spätestens nachdem wir die fantastische »Trans-Civetta« hinter uns gebracht haben, wandelt sich das Ambiente spürbar. Nicht dass die Berge ringsum langweiliger würden! Der dolomitische Charakter bleibt ja von Anfang bis Ende erhalten, aber Richtung Süden sind die Pfade oft nicht mehr so breit ausgetreten, Erschließungen sind wesentlich zurückhaltender oder fehlen ganz (so trifft man beispielsweise auf keinerlei Skipisten mehr!), die Umgebung wirkt insgesamt ungebändigter und urtümlicher. Die meisten, die unterwegs diese Erfahrungen machten, wussten davon zu schwärmen. Denn passionierten Weitwanderern geht es gewöhnlich nicht bloß darum, bestimmte Highlights abzuklappern – eher die Vielgestaltigkeit und die schrittweisen Veränderungen unterwegs machen den besonderen Reiz aus. Und am »Einser« lernt man mit Hingabe, wie eine Moiazza, ein Castello del Moschesin oder ein Monte Talvena ausschauen.

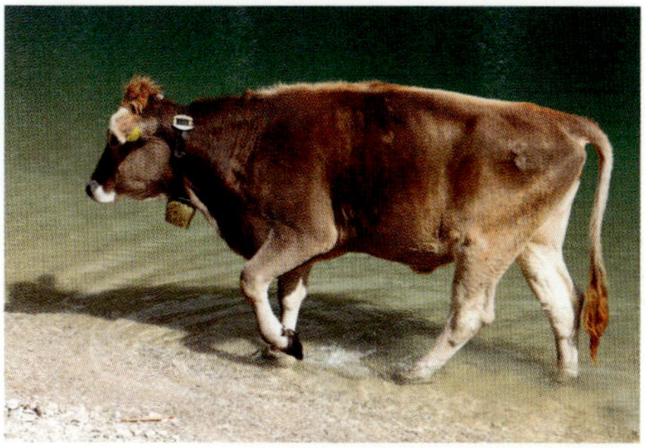

Knackpunkt Schiara

Ganz im Süden, schon vor den Toren Bellunos, erhebt sich mit der Schiara nochmals ein gehöriges Bollwerk, das dem Normalwanderer Grenzen setzt. Immer wieder gibt der Routenverlauf über die Via ferrata del Màrmol – noch dazu im Abstieg – daher zu Kritik Anlass. Versierten bedeutet er zweifellos das rasante »Finale con fuoco«, die Krönung des Weges sozusagen. Für viele bleibt die Sinfonie des »Einsers« aber letztlich eine Unvollendete, weil der Übergang einfach zu gewagt erscheint. In der Tat kann er nur absolut Trittsicheren und Schwindelfreien mit der üblichen Klettersteigausrüstung reinen Gewissens empfohlen werden, sonst bleibt der Seitenausstieg ins Val Cordévole. Doch was für ein Gefühl, wenn man über die spektakuläre Ferrata aus der Felsenwucht der Schiara ins grün wuchernde, wildromantische Val dell'Ardo absteigt ...

Das Rifugio Pian de Fontana dient hauptsächlich Weitwanderern als Stützpunkt.

7.1

Pragser Wildsee – Seekofelhütte

Im Herz der Pragser Dolomiten

Am Pragser Wildsee nimmt der Dolomiten-Höhenweg Nr. 1 seinen Ausgang.

mittel | km 6,5 km | 3.30 Std. | ↑ 930 Hm | ↓ 100 Hm

Charakter: Kürzere Einstiegsetappe, die aber fast nur bergauf führt und deshalb nicht ohne Anstrengung bleibt. Anfangs breite Promenade, dann gut ausgebauter Bergweg mit einer gesicherten felsigen Passage, im oberen Teil sehr steinig. Etwas Trittsicherheit angenehm.

Ausgangspunkt: Pragser Wildsee (1494 m)

Endpunkt: Seekofelhütte (2327 m)

Höchster Punkt: Ofenscharte (2388 m)

Einkehr: Zwischendurch keine

Gehzeiten: Pragser Wildsee – Nabiges Loch 2.00 Std. – Seekofelhütte 1.30 Std.

Je nach Tageszeit können wir den Pragser Wildsee als verträumtes Kleinod (frühmorgens) oder als quirligen Touristen-Hotspot (tagsüber, wenn ganze Busladungen darauf losgelassen werden) erleben. Die Seekofel-Nordwand bleibt das unverrückbare Schaustück im Hintergrund; in einigen Stunden werden wir vielleicht schon auf dem Gipfel stehen! Beim Grandhotel wählen wir den Uferweg auf der rechten Seite – man kann unwesentlich länger auch links herum wandern – und gelangen binnen einer halben Stunde an das Südende des Pragser Wildsees, wo der eigentliche Bergweg (Nr. 1) abzweigt. Jetzt stehen 900 Aufstiegsmeter an einem Stück bevor. Über baum- und strauchbewachsene Schuttfelder geht es zunächst sachte bergauf. Wir nähern uns einer mächtigen Geländekehle, die deutlich aufsteilt. Während Steigspuren direkt durch

Extra: Seekofel (2810 m)

Dieser Prachtberg ist fast schon Pflichtprogramm und ein richtiges »Zuckerl» bei der Auftaktetappe des Dolomiten-Höhenwegs. Die Aussicht vom Seekofel darf ohne Übertreibung als gigantisch gepriesen werden, wobei der Tiefblick auf den Pragser Wildsee besonders hervorzuheben ist. Von der Ofenscharte wenden wir uns dem Südostgrat zu, der im unteren, steilen Teil stellenweise gesichert ist und die Unterstützung der Hände verlangt. Nach oben hin flacht er als breiterer Rücken zusehends gutmütig ab, sodass bis zum Gipfel keine weiteren Hürden mehr auftreten. Der Zusatzaufwand für die Besteigung beträgt gut 2 Std.

die Rinne gegen das Nabige Loch emporziehen, holt der offizielle Weg mit einigen Serpentinen nach links aus und stößt dann mit einer Bändertraverse – kurzzeitig leicht abwärts – ebenfalls ins Nabige Loch. So heißt der Einschnitt, in dem Weg Nr. 4 weiter gegen die Hochflächen der Rossalm hinaufleitet.

Wir wenden uns bei der Kreuzung allerdings mit unserem Dolomiten-Höhenweg auf die rechte Seite und steigen dort über die Waldgrenze hinaus. Unter einer Felswand, die schon zu den Ausläufern des Seekofels gehört, kommt man zu einer kettengesicherten Steilstufe. Gleich oberhalb dreht unsere Route markant nach rechts ab und biegt damit in den sogenannten Ofen ein. Ziemlich wüst und steinig präsentiert sich dieses Hochkar, doch der Pfad lotst uns zuverlässig hindurch. Zuhinterst wird die Ofenscharte (Forcella Sora Forno, 2388 m) erstiegen, wo gleichzeitig die Normalroute auf den Seekofel ansetzt. Nur wenige Gehminuten jenseits empfängt uns bereits die Seekofelhütte (2327 m) am Rand weitläufiger Hochflächen.

An der Ofenscharte öffnet sich die Sennes-Höchfläche. Gleich unterhalb die Seekofelhütte.

Seekofelhütte – Faneshütte

Von der Sennes zur Fanes

7.2

Wilde, urweltliche Szenerie im inneren Rautal

leicht | km 12,6 km | 4.15 Std. | 560 Hm | 830 Hm

Charakter: Durchwegs leichte Fuß- und Fahrwege. Auch konditionell moderate Etappe.

Ausgangspunkt: Seekofelhütte (2327 m)

Endpunkt: Faneshütte (2060 m) oder Lavarellahütte (2042 m)

Höchster Punkt: Seekofelhütte

Einkehr: Senneshütte, Pederü

Gehzeiten: Seekofelhütte – Senneshütte 0.50 Std. – Pederü 1.25 Std. – Faneshütte 2.00 Std.

Der heutige Marsch verbindet mit Sennes und Fanes zwei große Hochplateaus in den nördlichen Dolomiten, die von eigentümlich melancholischen Bildern geprägt sind. Ein Zwischenabstieg ins innere Rautal ist dabei quasi unvermeidlich, denn die abenteuerliche und oft von Muren bedrohte Traverse auf dem Sentiero Banch dal Se hat sich als Alternative nie durchsetzen können und ist auch gar nicht offiziell als Bergweg ausgewiesen.

Zunächst folgen wir von der Seekofelhütte dem breiten Karrenweg in westlicher Richtung, bis dieser in einer lang gezogenen Linkskurve verlassen werden kann. Eine Abkürzung (lokale Wegnummer 6) führt nun nach kurzem Gegenanstieg über die wellige, leicht verkarstete Hochfläche zur stattlichen Senneshütte (2116 m) inmitten eines malerischen Almgrundes. Mehr in Südrichtung folgen wir anschließend wieder einer breiten Fahrtrasse, die hinter einem Marterl

Extra: Gipfel im Fanesgebiet

Rund um Fanes- und Lavarellahütte steht Gipfelstürmern ein reiches Betätigungsfeld offen. Relativ rasch und leicht zugänglich sind Antonispitze (Piz de Sant Antone, 2655 m) und Pareispitze (Col Bechei Dessora, 2794 m), die eventuell noch am gleichen Tag angepackt werden können. In jedem Fall einen zusätzlichen Tag verlangen Touren auf Neuner (2968 m), Zehner (3026 m), Monte Cavallo (2912 m) oder die Kombination von Lavarella (3055 m) und Conturines (3064 m).

langsam an Höhe verliert und damit in zirbenbestandenes Gelände eintaucht. Man achte auf die Beschilderung (Nr. 7), denn ein Zwischenstück wird in einer Links-rechts-Schleife auf einem Fußsteig absolviert, ehe wir auf die alte Militärstraße zwischen Pederü und Fodara Vedla stoßen. Das Almhüttenensemble von Fodara Vedla (1966 m) könnte auf einem kleinen Umweg freilich ebenfalls in die Route einbezogen werden. Dann geht es in vielen, teils recht steilen Kehren über den Abbruch der Hochfläche gegen das Rautal, wo im Talgrund der Gasthof Pederü (1548 m) seinen Platz hat.

An diesem frequentierten Wanderer-Umschlagplatz wenden wir uns dem südwärts wegziehenden Fanes-Hochtal zu – eingeklemmt zwischen mürben, erosionszernarbten Steilflanken. Die breite, staubige Jeeptrasse lässt sich streckenweise vermeiden, indem man einen Steig auf der rechten Seite nutzt. Anfangs recht kräftig ansteigend, flacht das Hochtal bald deutlich ab. Wir wandern weit hinein und vollziehen schließlich die markante Linksbiegung mit, um bald darauf dem Zauber von Kleinfanes zu erliegen. Wie eine Oase bettet sich die seit Jahrhunderten als Alm genutzte Hochmulde in die weite Geländeschüssel. Gestufte, von wetterharten Zirben und Lärchen bestandene Steinbänke geben ihr den Rahmen, im Grund plätschert munter ein Bergbach und der Grünsee (Lé Vert) gehört zu jenen romantischen Fleckchen, an denen sich jedes Wandererherz betören lässt. Auf Kleinfanes stehen zehn Minuten voneinander entfernt zwei komfortable Schutzhäuser – wir können uns entweder für die Fanes- oder die Lavarellahütte entscheiden.

Überraschende Idylle auf Kleinfanes

Faneshütte – Rifugio Nuvolau

Via Lagazuoi in die Ampezzaner Dolomiten

7.3

Die Großfanesalm wird noch mit Vieh bestoßen.

mittel | km 18,6 km | 7.30 Std. | ↑ 1350 Hm | ↓ 830 Hm

Charakter: Lange Etappe mit mehrfachem Auf und Ab. Überwiegend gut ausgebaute Bergwege mit kürzeren Steilstücken, z. B. beim Abstieg von der Seescharte oder beim Aufstieg zur Forcella Averau. Mit elementarer Trittsicherheit normalerweise kein Problem. Weniger Ausdauernde können zwischendrin auf den Rifugio Lagazuoi ausweichen.

Ausgangspunkt: Faneshütte (2060 m) bzw. Lavarellahütte (2042 m)

Endpunkt: Rifugio Nuvolau (2575 m)

Höchster Punkt: Forcella Lagazuoi (2573 m) oder eventuell Rifugio Lagazuoi (2752 m)

Einkehr: Großfanesalm, Rifugio Lagazuoi, Passo Falzàrego, Rifugio Averau

Gehzeiten: Faneshütte – Tadegajoch 1.20 Std. – Seescharte 1.20 Std. – Forcella Lagazuoi 1.50 Std. – Passo Falzàrego 1.00 Std. – Forcella Averau 1.15 Std. – Rifugio Nuvolau 0.45 Std.

Von der Faneshütte wandern wir mit zwei Schleifen hinauf zum Limojoch (Ju de Limo, 2174 m) und werfen an dieser Stelle einen letzten Blick zurück über die Kleinfanes-Schüssel. Am Limosee vorbei geht es nun in das angrenzende Gebiet von Großfanes und zur gleichnamigen Alm (Ütia de Gran Fanes, 2102 m). Der breite Weg (Nr. 11) führt nahezu horizontal weiter über schöne Hochböden, überschreitet das kaum ausgeprägte Tadegajoch (Ju dal'Ega, 2157 m) und bringt uns bald darauf zum Linksab-

zweig von Nr. 20b. Damit erwartet uns nun eine lang gezogene Steigungsstrecke bis in die Seescharte oder Forcella del Lago (2486 m), die den Übergang ins Lagazuoigebiet vermittelt.

Gut möglich, dass manch unbedarftem Wanderer beim ersten Blick in die südseitige Rinne Zweifel überkommen. Doch der Steig ist vorbildlich angelegt, das Geröll gut stabilisiert. So gelangen wir im engen Zickzack tiefer, allerdings nicht ganz bis zum verlockenden Lagazuoisee, weil man vorher links am Hang, direkt am Wandfuß der Cima Scotoni, bleibt. Nach einer Traverse durch Geröllfelder setzt der Gegenanstieg über die weitläufige Nordabdachung des Kleinen Lagazuoi an. Der Weg ist etwas steinig, aber von gemäßigter Steigung und leitet bis unter den aufsteilenden Gipfelhang, wo wir linker Hand zur nahen Forcella Lagazuoi (2573 m) abdrehen. Jenseits mit einem Prachtblick auf die massigen Tofane schräg abwärts zur Forcella Travenanzes (2507 m). Wir wenden uns auf die Südseite, nähern uns dem Felssockel der Punta Berrino und steigen in Kehren zum Passo Falzàrego (2105 m) ab.

Mit Nr. 441 nehmen wir die günstigste Fortsetzung auf und begeben uns in südöstlicher Richtung wieder in die Höhe. Im bewachsenen Gelände (teils Skigebiet) zunächst sachte ansteigend, wird die Route im Bereich einer lang gezogenen Rinne steiler. Wir steuern die Forcella Averau (2435 m) an und queren anschließend um die senkrechte Südwand des Averau herum in die Forcella Nuvolau, dem Standort des modernisierten Rifugio Averau (2413 m) samt Sesselliftstation. Nun steht noch der felsig-schuttige, aber gutmütige Nordwestrücken des Nuvolau (2575 m) auf dem Programm, ehe wir mit der gleichnamigen Gipfelhütte einen der besten Logenplätze gewonnen haben. Nach Möglichkeit sollte man hier eine Übernachtung vorsehen, denn mit etwas Wetterglück wird uns ein traumhaftes Schauspiel, sowohl zu Sonnenuntergang als auch am nächsten Morgen, geboten.

Varianten am Lagazuoi

Auch am Lagazuoi gibt es eine gipfelnahe Hütte, die von Touristen tagsüber außerordentlich in Beschlag genommen wird, aber ihre Stützpunktfunktion auf dem Dolomiten-Höhenweg damit nicht verloren hat. Wer dort vorbeischaut, kann anschließend wahlweise mit der Seilbahn, über die Forcella Travenanzes oder durch die im Ersten Weltkrieg ausgesprengte Galleria Lagazuoi zum Falzàregopass gelangen. Der enge Stollen eignet sich aber nicht für ängstliche Gemüter und Wanderer mit sperrigem Rucksack.

7.4 Rifugio Nuvolau – Rifugio Città di Fiume

Auf dem Idealkurs zum Pelmostock

Die Croda da Lago beim Abstieg vom Nuvolau

mittel | km 12,8 km | 5 Std. | ↑ 400 Hm | ↓ 1080 Hm

Charakter: Beim Abstieg vom Nuvolau kurze ausgesetzte Klettersteigpassagen, die notfalls umgangen werden können. Sonst unschwierige Höhenwege in Matten oder ab und zu gerölligem Gelände , dabei moderate Höhenunterschiede.

Ausgangspunkt: Rifugio Nuvolau (2575 m)

Endpunkt: Rifugio Città di Fiume (1918 m)

Höchster Punkt: Nuvolau

Einkehr: Passo Giau

Gehzeiten: Nuvolau – Passo Giau 1.15 Std. – Forcella Giau 1.00 Std. – Forcella Ambrizzola 1.00 Std. – Rifugio Città di Fiume 1.45 Std.

Nachdem wir den Sonnenaufgang am Rifugio Nuvolau genossen haben, beginnt die heutige Tour mit einer zünftigen, wenn auch nur kurzen Klettersteigeinlage auf der Via ferrata Gusela. Die ersten Drahtseile sind schon am Südgrat unterhalb der Hütte verbaut. Zwischendurch wird das ostseitige Karrenfeld verschlungen überquert (in dem zerklüfteten Gelände gut auf die Markierung achten!), ehe man hinter einer Abbruchkante in eine rinnenartige Verschneidung gelangt: die Schlüsselstelle. Letzte Drahtseile sichern die Bänderquerung zu einem Zacken. Anschließend geht es über einen Geröllhang tiefer und südwärts eindrehend in leichtem Auf und Ab zum Passo Giau (2236 m) mit seinem Gasthaus. Im Rückblick erscheint die Gusela als profiliertes Horn. Wer sich die Ferrata im Übrigen nicht zutraut, umgeht den Nuvolaustock

Variante: Über den Rifugio Croda da Lago

Früher wurde als Hauptroute meist ein anderer Verlauf propagiert: Man steigt von den Rifugi Nuvolau bzw. Averau über eine Jeeptrasse (Nr. 439) nordwärts ab, passiert den ulkigen Felsengarten der Cinque Torri und folgt dann Nr. 437 abwärts Richtung Ponte di Rucurto (1708 m), wo die Giaustraße gekreuzt wird. Einen Waldhang querend zur Lichtung des Casón de Formin, dann mit kräftigem Anstieg (Nr. 434) um die Nordschulter der Croda da Lago herum und auf der Ostseite zum pittoresken Lago Federa. An seinem Ufer steht auch der Rifugio Croda da Lago (Rifugio Palmieri, 2046 m). Der Felsenfinger des Becco di Mezzodi lotst uns südwärts, wo man Anschluss an die Forcella Ambrizzola gewinnt. Die Gehzeit sollte um rund 1 Std. länger kalkuliert werden.

am besten an seiner Südwestseite und gelangt damit ohne Schwierigkeiten zum Passo Giau.

Auf der anderen Straßenseite führt der Dolomiten-Höhenweg links weiter. Mit der Forcella di Zonia und der Forcella Col Piombin werden kurz hintereinander zwei kleine Sättel überschritten. Dann gehen wir die Hangmulde des Val Cernera aus und müssen bis zur Forcella Giau (2360 m) einen kräftigen Gegenanstieg von fast 200 Höhenmetern leisten. Die Steilwände des Monte Formin bilden hier die starken Nahimpressionen. Unter den Südabbrüchen entlang zieht unser Weg in sanftem Gefälle durch Wiesen, zwischendrin auch durch ein Bergsturzgelände, gen Osten. Mit einem Gegenanstieg tangieren wir die Forcella Ambrizzola (2277 m), die den markanten Becco di Mezzodi vom Massiv der Croda da Lago abtrennt. Nordwärts schweift der Blick bis ins Talbecken von Cortina.

Wir begeben uns freilich auf die Südseite, allerdings nicht direkt durch die Blockmulde, sondern mit Vorteil links am Hang des Becco di Mezzodi. Über die Forcella Col Duro steuern wir auf steindurchsetzten Wiesen die großen Ställe der Malga Prendera (2148 m) an, verlieren an der Forcella de Col Roàn vorbei weiter an Höhe, passieren ein Geländeeck und landen vorläufig in der Forcella Roàn (1999 m). Abgesehen vom mehrgipfligen Rocchettastock im Rücken beeindruckt uns längst der kolossale Monte Pelmo, dem wir allmählich immer näher kommen. Ein angenehmer Höhenweg – vorbei an der Forcella de la Puina, durch einen von Erlen und Lärchen bewachsenen Hang und schließlich im Bogen hinab zum Rifugio Città di Fiume – vollendet diese Etappe in einem relativ wenig bekannten Areal der Dolomiten. Die Hütte steht auf einem Wiesenbalkon vis-à-vis der Pelmo-Nordwand.

Nochmals die Croda da Lago, diesmal über der Forcella Ambrizzola

Rifugio Città di Fiume – Rifugio Tissi

Vom Pelmo zur Civetta

7.5

Beim Aufstieg vom Col dei Baldi Richtung Rifugio Coldai

leicht | km 13,3 km | 5.30 Std. | 970 Hm | 640 Hm

Charakter: Leichte und meist auch gut ausgebaute Bergwanderwege ohne allzu steile Abschnitte; ein Stück weit auch breite Wirtschaftswege bzw. Straßen. Etwas unübersichtlich oberhalb der Casera Vescova.

Ausgangspunkt: Rifugio Città di Fiume (1918 m)

Endpunkt: Rifugio Tissi (2250 m)

Höchster Punkt: Rifugio Tissi

Einkehr: Passo Staulanza, Casera Vescova, Casera di Pioda, Rifugio Coldai

Gehzeiten: Rifugio Città di Fiume – Passo Staulanza 1.00 Std. – Forcella di Alleghe 1.30 Std. – Rifugio Coldai 0.50 Std. – Rifugio Tissi 2.10 Std.

Nachdem wir den Rifugio Città di Fiume verlassen haben, schluckt uns jenseits eines Bachgrabens ein Waldstück. Etwas tiefer gelangen wir mit Nr. 472 in ein Areal bewachsener Bergsturztrümmer, die einst aus dem Pelmomassiv abgebrochen sind, und queren in leichtem Auf und Ab auch die Schutthalden am Auslauf des Val d'Arcia. Die ungeheure Masse des Pelmo wirft morgens lange Schatten. Nochmals treten wir in Wald ein und biegen schließlich rechts zum Passo Staulanza (1766 m) ab. Knapp einen Kilometer geht es jetzt auf der Passstraße weiter, bis wir in einer Linkskehre auf die Zufahrt zur Casera Vescova abzweigen können. Bei einer Gabelung links und über den Ru Canédo zur bewirtschafteten Casera Vescova (1734 m).

Hier schlagen wir mit Vorteil einen Wiesenweg ein, der auf die Höhen am Col dei Baldi führt (teils Piste). Die Kuppe mit der Liftstation bleibt allerdings rechts liegen, wenn wir in leichtem Gefälle weiter zur Forcella di Alleghe (1816 m) wandern. Man lasse sich nicht durch das Geflecht von Fahrwegen und Pfaden verwirren und folge bei Gabelungen im Zweifelsfall der Beschilderung »Rifugio Coldai«. Dieser ist nämlich unser nächstes Ziel. Ein kehrenreicher, breit ausgetretener Weg (Nr. 556) schraubt sich an den Hängen höher, ehe hinter einem Eck plötzlich der Rifugio Sonino al Coldai (2132 m) mit den Türmen des Civettastocks auftaucht.

Wenig oberhalb bringt die Forcella Coldai (2191 m) eine neue Traumkulisse ins Spiel: den malerischen Lago Coldai vor einem weiten Horizont von Dolomitenbergen, unter anderem der Marmolada. Die Rast am See wird jeder intensiv auskosten! Man umkurvt ihn schließlich zur Hälfte und überschreitet den Col Negro di Coldai (2203 m), womit sich die Schrägperspektive in das Riesengemäuer der Civetta-Nordwestwand immer spektakulärer ausnimmt. Hat man zuvor hauptsächlich die vorgelagerten Türme bewundert, wird jetzt der zentrale Wandteil sichtbar. Nicht ohne Grund fiebern wir ja auch unserem bewusst gewählten Etappenziel entgegen. Nachdem bis ins geröllreiche Val Civetta nochmals 200 Höhenmeter eingebüßt

Der beliebte Rifugio Coldai

werden, zweigen wir beim Gegenanstieg rechts ab und erreichen den hinreißend gelegenen Rifugio Tissi (2250 m). Er bietet die absolute Idealperspektive auf die steinerne Riesenorgel der Civetta, auf die »Wand der Wände«, vor allem im Licht der untergehenden Sonne. Der kaum fünf Minuten entfernte Gipfel der Cima di Col Reàn (2281 m) verschafft uns zudem einen weiten Ausblick gegen Westen – sowie tief hinab zum Lago di Alleghe.

7.6

Rifugio Tissi – Passo Duràn

Fortsetzung der großartigen Trans-Civetta

Türmegespickte Kulisse im Süden der Civetta; links außen der markante Torre Venezia

leicht | km 16,6 km | 6.15 Std. | ↑ 700 Hm | ↓ 1350 Hm

Charakter: Wenig schwierige Bergwanderwege, abschnittsweise wurzlig oder verblockt und damit etwas holprig, meist aber gut zu gehen. Zwei Teilstücke verlaufen auch auf breiten Schotterwegen. Recht lange Strecke, die Ausdauer verlangt, allerdings wiederum unterbrochen werden kann.

Ausgangspunkt: Rifugio Tissi (2250 m)

Endpunkt: Passo Duràn (1601 m)

Höchster Punkt: Rifugio Tissi

Einkehr: Rifugio Vazzolèr, Rifugio Carestiato

Gehzeiten: Rifugio Tissi – Sella di Pelsa 1.10 Std. – Rifugio Vazzolèr 0.40 Std. – Forcella Col d'Ors 2.00 Std. – Forcella del Camp 0.40 Std. – Rifugio Carestiato 1.00 Std. – Passo Duràn 0.45 Std.

Seit dem Rifugio Coldai befinden wir uns auf der Trans-Civetta, die von den Italienern als »la più bella passeggiata delle Dolomiti« (der schönste Spaziergang der Dolomiten) gepriesen wird. Wer mag dies schon objektiv bewerten – die Eindrücke sind jedenfalls fürwahr gewaltig. Von unserem Logenplatz am Rifugio Tissi brechen wir im Angesicht der morgens schattigen Civettawand abwärts Richtung Forcella di Col Reàn (2107 m) auf und fädeln dort wieder in den »560er« ein. Dieser folgt ja der breiten, teilweise muldenartig eingetieften Geländeterrasse unterhalb der Felsen und begleitet nun noch für längere Zeit den zackengespickten Pelsakamm, also den Südwestausläufer der Civetta. Nach einem moderaten Abstieg schlendern wir beschwingt über Almböden und steuern in kaum nennenswerter Gegensteigung die Sella di Pelsa (1954 m) an. Blöcke säumen den Weg. Jenseits des Sattels gewahren wir mit dem Torre Venezia den südlichen Eckpfeiler des Pelsakamms und treffen in der Nähe der Casera Favretti auf einen geschotterten Fahrweg, der uns zum Rifugio Vazzolèr (1714 m) bringt. Fast märchenhaft liegt er auf einer licht bewaldeten Geländenase über dem Val Corpassa, mit einer beeindruckenden Hintergrundkulisse.

Inzwischen zieht uns auch schon die Moiazza in Bann, ein mächtiges südliches Anhängsel der Civettagruppe. Ein Stück weit sind wir nun auf den breiten Güterweg angewiesen, bis in einer Kehre auf 1430 Meter der Dolomiten-Höhenweg mit lokaler Nummer 554 links abzweigt. Wir queren durch die bewachsenen Schotter- und Blockhänge des Giaroi del Palanzin und gewinnen anschließend im Wald deutlich an Höhe. Dichter unter den Wänden leitet eine Aufwärtstraverse in die Lücke am Col d'Ors (1826 m), wo man scharf links eindreht. Der passable Steig hält sich weiter an den Sockel der Torri di Camp, die nun in großem Bogen über die Forcella del Camp (1933 m) umgangen werden. Auf der Ostseite geht es zuerst leicht absteigend unter dem Auslauf des wilden Van dei Cantoi entlang und dann mit nur noch geringen Höhendifferenzen quer durch die Blockfelder am Fuß der Moiazza-Südwand hinüber zum Rifugio Carestiato (1834 m). Es sei bemerkt, dass an diesem Massiv einer der schwierigsten und längsten Dolomiten-Klettersteige verläuft, die Via ferrata Costantini.

Am Weg zum Rifugio Carestiato

Mit solcherlei hat der Weitwanderer freilich meist nicht so viel am Hut. Je nach Etappeneinteilung können wir im Rifugio Carestiato Quartier beziehen oder noch den kurzen Abstieg zu den beiden Gasthäusern am Passo Duràn (1601 m) anhängen. Man folgt dabei dem breiten Fahrweg und kürzt am Schluss über einen Wiesenhang direkt zum Rifugio Tomè ab. Nebenan steht der Rifugio San Sebastiano, benannt nach der Felsbastion, die östlich über dem Pass aufragt.

Passo Duràn – Rifugio Pian de Fontana

Im Niemandsland der Dolomiten

7.7

Abstieg zum Rifugio Pian de Fontana

mittel | 16,4 km | 7.20 Std. | 1150 Hm | 1120 Hm

Charakter: Meist ziemlich urwüchsige Bergpfade, die auch mal etwas rau oder verschlungen sein können, ohne wirklich vernachlässigt zu sein. Abgesehen von ein paar steileren Abschnitten, für die etwas Trittsicherheit angenehm ist, keine außergewöhnlichen Schwierigkeiten. Die Doppeletappe kann auf halbem Weg unterbrochen werden.

Ausgangspunkt: Passo Duràn (1601 m)

Endpunkt: Rifugio Pian de Fontana (1632 m)

Höchster Punkt: Forcella de Zità Sud (ca. 2400 m)

Einkehr: Rifugio Sommariva al Pramperèt

Gehzeiten: Passo Duràn – Forcella Dagarei 0.45 Std. – Malga Moschesin 1.45 Std. – Forcella del Moschesin 0.40 Std. – Rifugio Pramperèt 0.50 Std. – Portèla del Piazedel 0.50 Std. – Forcella de Zità Sud 1.00 Std. – Rifugio Pian de Fontana 1.30 Std.

Auf dem Weg gen Süden tauchen wir nun in wenig bekannte Dolomitengefilde ein, namentlich in den Bereich der Tàmer-, Prampèr- und Talvenagruppe. Anfangs bleibt uns nur die Passstraße, der wir in Richtung Ágordo etwa 1,7 Kilometer bis zu einem Parkplatz auf Höhe der ehemaligen Malga Càleda Vecchia (1493 m) abwärts folgen. Dort zweigt Route Nr. 543 hinauf zur Forcella Dagarei (1620 m) ab. Am Waldsattel schwenken wir links ein, verlieren vorübergehend wieder leicht an Höhe und kommen allmählich in die ausgedehnten Schutthalden und Bergsturzfelder der Tàmergruppe hinein. Diese werden über weite Strecken annähernd horizontal gequert, wobei die Schau über das Agordino meist weit und offen ist. Durch ein Waldareal steigen wir zur abgeschiedenen Malga Moschesin (1800 m) auf und vollziehen oberhalb in den Latschen noch einige Kehren bis zu einem Geländeeck (P. 1966). Die eigentliche Forcella del Moschesin liegt ein Stück weit östlich auf fast gleicher Höhe, ganz in der Nähe eines verfallenen Forts. Auf der anderen Seite öffnet sich nun das obere Val Prampèr mit der gleichnamigen Gipfelbastion gegenüber. Wir steigen aber nur ein kurzes Stück hinunter und halten uns dann rechts, um mit einer leicht auf- und absteigenden Hangquerung durch lichte Lärchenbestände direkt das Rifugio Sommariva al Pramperèt (1857 m) anzusteuern. Es unterscheidet sich auffällig von den touristisch geprägten Hütten der Zentraldolomiten, weist aber natürlich keine allzu großen Kapazitäten auf.

Für uns soll es heute ohnehin nur Durchgangsstation sein, sofern wir einen schönen Tag möglichst ausfüllen wollen. Vom Rifugio Pramperèt gehen wir über die Pra della Vedova ein paar Schritte zurück und zweigen an einem Latschensaum links auf Nr. 514 ab. Östlich unter einem felsigen Kammausläufer gewinnt die Route an Höhe. Die Portèla del Piazedèl (2097 m) vermittelt den Übertritt auf eine große, von Geröll und Karststrukturen bedeckte Geländeabdachung (»I Piazediei«). Hier vorübergehend links haltend und im stetigen Aufstieg bis zur Kante eines Kammes, der von der Cima de Zità di Mezzo westwärts abstreicht. Für den eigentlichen Übergang wenden wir uns links und erreichen über eine Rampe die Forcella de Zità Sud, welche den Südgipfel (2450 m) absetzt. Den kurzen, unschwierigen Abstecher auf die aussichtsreiche Spitze sollten wir an dieser Stelle nicht versäumen. Danach steigen wir ins jenseitige Kar des Van de Zità de Fora ab, vollziehen gleich oben einen Rechtsbogen und halten – flankiert von der Talvena – an einer Geländeschwelle weit nach links hinüber. Über Schrofen und Grashänge führt der weitere Abstieg in Kehren bis zum Rifugio Pian de Fontana (1632 m), der aus einer Alm hervorgegangen ist und für uns Weitwanderer nun ein wichtiges Bindeglied zur finalen Schiara-Überschreitung bedeutet. Als wohltuend wird man die Ruhe in diesen vom Massentourismus »vergessenen« südlichen Dolomiten empfinden.

Mit der Traverse der Tàmergruppe beginnt die siebte Etappe.

Rifugio Pian de Fontana – Rifugio 7° Alpini

Die Schiara-Bastion mit der berüchtigten Via ferrata del Màrmol

7.8

Die Almmulde der Casera La Varéta am Fuß des Monte Talvena

schwierig | km 6,9 km | 6 Std. | ↑ 1030 Hm | ↓ 1160 Hm

Charakter: Schwieriger, exponierter Übergang aufgrund des Klettersteiges auf der Südseite. Im ersten Teil normale Bergpfade, phasenweise etwas überwachsen, aber ohne geländebedingte Hürden. Für das Bergab über die Via ferrata del Màrmol ist Klettersteigausrüstung anzuraten (sehr steil und ausgesetzt, aber weithin gut mit Drahtseilen und einigen Leitern gesichert).

Ausgangspunkt: Rifugio Pian de Fontana (1632 m)

Endpunkt: Rifugio 7° Alpini (1502 m)

Höchster Punkt: Am Kamm der Schiara zwischen Forcella und Bivacco del Màrmol (ca. 2400 m)

Einkehr: Zwischendurch keine

Gehzeiten: Rifugio Pian de Fontana – Forcella La Varéta 0.50 Std. – Forcella Nerville 1.40 Std. – Bivacco del Màrmol 1.45 Std. – Rifugio 7° Alpini 1.45 Std.

Die Schiara haben wir als letzte große Hürde vor Belluno längst ausgemacht; heute verspricht deren Überschreitung sozusagen die bergsteigerische Krönung auf dem Dolomiten-Höhenweg Nr. 1. Bevor es so weit ist, vollführen wir eine etwas verschlungene Annäherung, die ab Pian de Fontana mit einem Abstieg in den Graben des Val dei Ross beginnt. Dort gabelt sich der Weg auf 1490 Meter Höhe. Wir halten uns rechts und gewinnen durch Wald die Forcella La Varéta (1704 m). Linker Hand folgt jetzt eine sehr reizvolle Traverse durch üppig begrünte Hänge, die steil ins innere Val Vesco-

Variante: Ausstieg durchs Val Vescovà

Wer sich für den Klettersteig nicht gerüstet fühlt, kann vor dem Casonét de Nerville mit Nr. 518 zum Rifugio Bianchet (1245 m) absteigen. Durchs Val Vescovà hinaus erreicht man die Staatsstraße 203 (Bushaltestelle 1 km nördlich bei La Muda, 483 m). Diese Option ist generell auch bei widrigen Bedingungen angezeigt.

và abfallen. Nach ein paar Abwärtskehren geht es quer durch einen Waldhang zum verwahrlosten Casonét de Nerville (1641 m). Die Almwirtschaft hat schon bessere Zeiten gesehen in diesen wilden Winkeln der Dolomiten. Man merkt es auch an dem Pfad, der anschließend gegen die Forcella Nerville hinaufzieht: Streckenweise überwuchert, wird er augenscheinlich nicht allzu oft begangen, sodass ein wachsamer Blick nicht schaden kann.

Die eigentliche Forcella Nerville (1953 m) lassen wir schließlich knapp links liegen und wenden uns südwärts gleich dem Steilhang der Schiara zu. Ein anstrengender Aufstieg leitet im Zickzack über eine Schutt- und Felsrampe hinauf zur Forcella del Màrmol (2262 m), die allerdings noch nicht den Übergang vermittelt (die südseitige Schluchtrinne macht dies auch sofort klar). Etwas oberhalb helfen erste Drahtseile über gestufte Felsen und bringen uns zum Abzweig der Gipfelroute über den Nordostgrat: eine interessante Zugabe für routinierte Schrofenkraxler! Unser Weg traversiert den hier breiten Abhang und senkt sich gleich wieder Richtung Bivacco del Màrmol (2266 m), wo man die wilden Abbrüche der Schiara ausgiebig bewundern kann.

Unmittelbar danach tauchen wir auf der Via ferrata del Màrmol in den steilen Felstrichter ab. Eine Rippe leitet zu einem Minischärtchen, von dem wir rechts abrücken, um in angenehm gestuftem Terrain weiter an Höhe zu verlieren (hier nur teilweise gesichert, aber auch nicht überall nötig). Aus einem geradezu dantesken Felsenkessel entwischen wir über eine ziemlich ausgesetzte Bändertraverse und biegen etwas tiefer um ein schrofiges Eck. Nochmals leiten Bänder in die tiefe Nische einer Schluchtrinne und auf der gegenüberliegenden Seite wieder heraus, ehe sich die Ferrata Màrmol mit der Ferrata Zacchi verbindet. Das Schrofensteiglein täuscht, noch sind nicht alle Hürden überwunden! Die nächste bildet ein Kamin, in dem man versiert abwärtsstemmen muss, dann folgt eine mit mehreren Leitern gangbar gemachte Steilstufe. Ein Band leitet nach links zu einem weiteren Kamin, bevor man über die Einstiegswand aus dem gleichermaßen eindrücklichen wie beklemmenden Szenario entkommt und vom Drahtseil entbunden wird. Die Spannung löst sich, die Blicke schweifen durch das Tal des Ardo in den Süden. Bald darauf laufen wir auch beim Rifugio 7° Alpini (1502 m) ein.

Silberdistel

Rifugio 7° Alpini – Bolzano Bellunese

Ausklang im wildromantischen Val dell'Ardo

7.9

Berauschendes Finale: der Südabfall der Schiara gegen das Piavetal bei Belluno.

leicht | km 9,4 km | 3 Std. | 150 Hm ↑ | 1150 Hm ↓

Charakter: Trotz der wilden Umgebung allgemein guter, unschwieriger Bergweg, ab Case Bortot dann Straße. Bis auf einen kurzen Gegenanstieg nur bergab.

Ausgangspunkt: Rifugio 7° Alpini (1502 m)

Endpunkt: Bolzano Bellunese (ca. 500 m); Bushaltestelle einer Vorstadtlinie von Belluno

Höchster Punkt: Rifugio 7° Alpini

Einkehr: Case Bortot

Gehzeiten: Rifugio 7° Alpini – Ponte del Mariano 1.30 Std. – Case Bortot 0.50 Std. – Bolzano Bellunese 0.40 Std.

Der letzte Tag gehört dem Abstieg Richtung Belluno und beinhaltet nur noch eine verhältnismäßig kurze Wanderung. Die meisten haben freilich eine längere Rückreise vor sich und sollten deshalb nicht zu spät im Tal ankommen. Gleich unterhalb des Rifugio 7° Alpini tauchen wir in den Bergwald ein, wo der gut angelegte Steig (Nr. 501) in Kehren abwärtszieht. Dreimal wird der Quellbach des Torrente Ardo gekreuzt, bevor man auf der linken Seite des Grabens – teilweise unter Felsen – weiterkommt. Das Tal ist von südalpiner Urwüchsigkeit geprägt. Weiter unten überschreiten wir den Ardo beim Ponte del Mariano (681 m) noch einmal und müssen anschließend gut 100 Meter Gegensteigung absolvieren, womit man ziemlich hoch über die Schlucht hinauskommt. Allmählich wird der Weg richtig komfortabel und zieht durch mehre-

Rifugio 7° Alpini

Die Schutzhütte „Settimo Alpini" (1.502 m) liegt nördlich von Belluno in der Schiara-Gruppe – auch Belluneser Dolomiten genannt.

- Ausgangspunkt mehrerer Klettersteige.
- Einkehr- und Übernachtungsmöglichkeit

Öffnungszeiten: Anfang Mai bis Anfang Oktober

Michele Bellenzier · Alleghe (BL)
+39 0437 941631 (Schutzhütte) · +39 340 8113341 (außerhalb der Saison)
infosettimoalpini@gmail.com · www.rifugiosettimoalpini.com

re bewaldete Nischen bis zum Wanderparkplatz bei den Case Bortot (694 m) hinaus. Für die restlichen drei Kilometer bis zum nächsten Bushalt steht nur das Bergsträßchen zur Verfügung, auf dem sich der Verkehr freilich in Grenzen halten dürfte. Über den Ponte de Cargadon und die Fraktionen Gioz und Conzago erreichen wir Bolzano Bellunese und fahren von dort zum großen Busbahnhof von Belluno. Die Rückreise zum Ausgangspunkt wird dann nochmals einige Stunden in Anspruch nehmen, müssen wir doch in Tai di Cadore, Cortina d'Ampezzo und Toblach umsteigen.

Die Felsnadel der Gusela del Vescovà ist ein Wahrzeichen der Schiara.

Die Pisciadùhütte mit dem Sas da Lech

8

Dolomiten-Höhenweg Nr. 2

»Weg der Legenden« von Brixen nach Feltre

8 Dolomiten-Höhenweg Nr. 2

»Weg der Legenden« von Brixen nach Feltre

Am dritten Tag wird das Crespëinajoch überschritten.

mittel | km 135 km | 12 Tage | ↑ 9600 Hm | ↓ 11800 Hm

Charakter: Fast zweiwöchige Dolomiten-Durchquerung, die eine recht große Streuung der Anforderungen zeigt. Häufig gut ausgebaute Höhenwege, aber auch immer wieder Schlüsselpassagen in den einzelnen Etappen, etwa Nivesscharte, Val Setùs, Forcella della Marmolada, Passo delle Farangole, Passo delle Lede oder Banca Intaiàda. Die schwierigen Stellen sind zumeist gesichert. Insgesamt rauer und alpiner als der »Einser« und nach Süden zu tendenziell etwas höherer Anspruch aufgrund der spärlicheren Pfade und des urtümlichen Geländes (besonders in der Palagruppe und den Feltriner Dolomiten). Grundlegende Bergerfahrung und ausgeprägte Trittsicherheit unbedingt erforderlich, obgleich typisches Bergwanderniveau selten überschritten wird. Ob der Hüttendichte können überdurchschnittlich lange Etappen vermieden werden, insgesamt braucht es aber einiges Durchhaltevermögen.

Markierung: Regelmäßig taucht das rote Dreieck mit der »Zwei« als Symbol der Höhenroute auf. Daneben ist alles mit lokalen Wegnummern ausgeschildert.

Ausgangspunkt: Hotelsiedlung Kreuztal (2050 m), Bergstation der Plosebahn. Anreise mit der Bahn bis Brixen, von dort Busverbindung zur Talstation bei St. Andrä.

Endpunkt: Passo Croce d'Aune (1015 m) nördlich von Feltre. Rückreise per Bus über Feltre nach Trient (Trento), von dort weiter per Bahn Richtung Bozen und Brixen.

Höchster Punkt: Auf dem Sellaplateau (ca. 2950 m)

Durch die Hochburgen der westlichen Dolomiten

Als Gegenstück zum Klassiker zwischen Prags und Belluno führt der Höhenweg Nr. 2 durch die westlichen Dolomitengruppen, und zwar ebenfalls auf einem strengen Nord-Süd-Kurs. Als Eckpunkte definierte man Brixen und Feltre, womit der »Zweier« sogar noch ein Stück länger ausfällt als sein populärer Bruder – und um es vorwegzunehmen: mindestens ebenso spannend und erlebnisreich! Denken wir nur an die dolomitische Idealarchitektur der Geislerspitzen, an die herbschönen Plateaustöcke von Puez und Sella, an die firnglänzende Marmolada oder an die formgewaltige Palagruppe, deren Felsreviere wohl zum Eindrucksvollsten gehören, was die Dolomiten und die Alpen überhaupt zu bieten haben. Und vergessen wir nicht den äußersten Süden, die Cimònegagruppe und Vette Feltrine, wo es ganz besondere, für manchen vielleicht unerwartete (Erlebnis-)Schätze zu heben gibt …

Von der Plose bis zur Sella

Geologisch gesehen beginnt die Route sogar noch außerhalb der Dolomiten, denn das Plosemassiv oberhalb von Brixen ist aus kristallinen Schiefern aufgebaut und dementsprechend sanft gerundet. Freilich

Beste Jahreszeit: Aufgrund des hochalpinen Charakters meist nicht vor Juli ratsam, ansonsten bis zum Hüttenschluss gegen Mitte/Ende September. Im August allerdings stark frequentiert, weshalb die Zeit davor und danach geeigneter erscheint.

Karten: Tabacco, 1:25 000, Blatt 030 »Brixen – Villnöss«, 07 »Alta Badia – Arabba – Marmolada«, 015 »Marmolada – Pelmo – Civetta – Moiazza«, 022 »Pale di San Martino« und 023 »Alpe Feltrine – Le Vette – Cimònega«

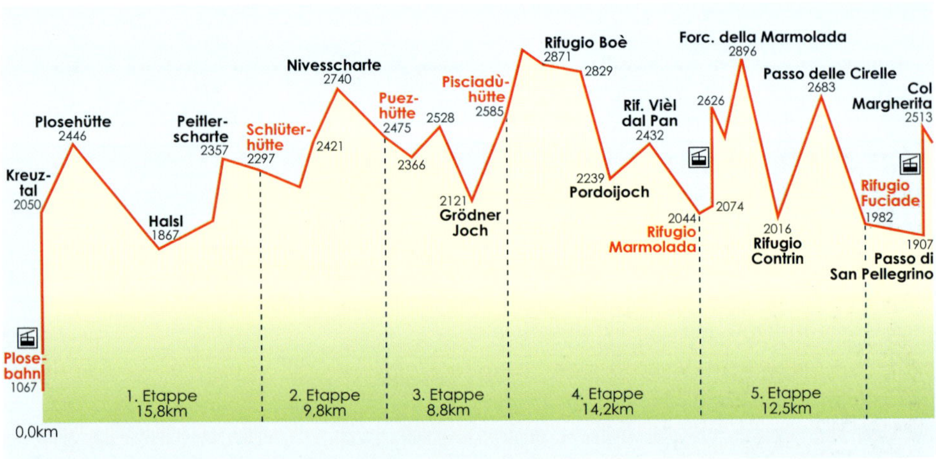

Die Etappen im Überblick

- 1. Tag: St. Andrä (Plosebahn) – Schlüterhütte, 5.30 Std.
- 2. Tag: Schlüterhütte – Puezhütte, 4.10 Std.
- 3. Tag: Puezhütte – Pisciadùhütte, 4.30 Std.
- 4. Tag: Pisciadùhütte – Lago di Fedaia, 6.15 Std.
- 5. Tag: Lago di Fedaia – Rifugio Fuciade (über Forcella delle Marmolada), 7.00 Std.
- 5. Tag: Lago di Fedaia – Rifugio Fuciade (über Forca Rossa), 4.30 Std.
- 6. Tag: Rifugio Fuciade – Rifugio Volpi al Mulàz, 5.45 Std.
- 7. Tag: Rifugio Volpi al Mulàz – Rifugio Pradidali, 6.15 Std.
- 8. Tag: Rifugio Pradidali – Rifugio Treviso, 4.30 Std.
- 9. Tag: Rifugio Treviso – Passo Cereda, 4.30 Std.
- 10. Tag: Passo Cereda – Rifugio Boz, 7.30 Std.
- 11. Tag: Rifugio Boz – Rifugio Dal Piàz, 6.30 Std.
- 12. Tag: Rifugio Dal Piàz – Passo Croce d'Aune, 1.40 Std.

Übernachtungsmöglichkeiten

Plosehütte (2446 m), CAI, Anfang Juni bis Ende Oktober, Tel. 0472/521333
Schatzerhütte (1984 m), Mitte Mai bis Ende Oktober, Tel. 0472/521343
Gasthaus Halslhütte (1860 m), Mitte Mai bis Anfang November, Tel. 0472/521267
Schlüterhütte (2297 m), CAI, Ende Juni bis Anfang Oktober, Tel. 0472/840132
Puezhütte (2475 m), CAI, Ende Juni bis Ende September, Tel. 0471/795365
Rifugio Alpino Frara (2121 m) am Grödner Joch, Mitte Mai bis Ende Oktober, Tel. 0471/795225
Pisciadùhütte (2585 m), CAI, Ende Juni bis Ende September, Tel. 0471/836292
Rifugio Boè (2871 m), CAI, Mitte Juni bis Ende September, Tel. 0471/847303
Rifugio Forcella Pordoi (2829 m), Mitte Juni bis Mitte September, Tel. 368/3557505
Pordoijoch (2239 m): mehrere Hotels und Gasthäuser
Rifugio Fredarola (2370 m), Mitte Juni bis Ende September, Tel. 0462/62072
Rifugio Vièl dal Pan (2432 m), Mitte Juni bis Ende September, Tel. 0462/601720

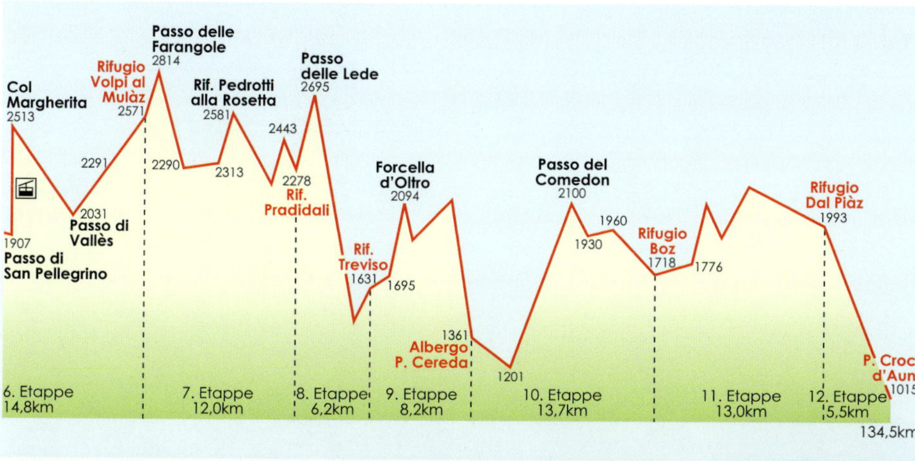

Übernachtungsmöglichkeiten

Rifugio Marmolada (2044 m) am Lago di Fedaia, Mitte Juni bis Mitte September, Tel. 0462/601171
Rifugio Dolomia (2074 m) am Lago di Fedaia, Mitte Juni bis Ende September, Tel. 0462/601221
Rifugio Pian dei Fiacconi (2626 m), Mitte Juni bis Ende September, Tel. 0462/601412
Rifugio Contrin (2016 m), Mitte Juni bis Ende September, Tel. 0462/601101
Malga Ciapéla (1467 m): mehrere große Hotels
Rifugio Fuciade (1982 m), Anfang Juni bis Ende Oktober, Tel. 0462/574281
Passo di San Pellegrino (1907 m): mehrere Hotels und Gasthäuser
Rifugio Passo di Vallès (2031 m), April bis September, Tel. 0437/599136
Rifugio Volpi al Mulàz (2571 m), CAI, Mitte Juni bis Mitte September, Tel. 0437/599420
Rifugio Pedrotti alla Rosetta (2581 m), CAI, Mitte Juni bis Ende September, Tel. 0439/68308
Rifugio Pradidali (2278 m), CAI, Mitte Juni bis Mitte September, Tel. 0439/64180
Bivacco Minazio (2250 m), unbewirtschaftete Biwakhütte
Rifugio Treviso (1631 m), CAI, Anfang Juni bis Anfang Oktober, Tel. 0439/62311
Albergo Cereda (1361 m), ganzjährig, Tel. 0439/65030
Bivacco Feltre-Walter Bodo (1930 m), unbewirtschaftete Biwakhütten
Rifugio Boz (1718 m), CAI, Mitte Juni bis Mitte September, Tel. 0439/64448
Rifugio Dal Piàz (1993 m), CAI, Mitte Juni bis Ende September, Tel. 0439/9065
Passo Croce d'Aune (1015 m): mehrere Gasthäuser

Die Marmolada vom Bindelweg aus gesehen

Vom Sockel weg bäumt sich die Sella mächtig auf.

setzen Peitlerkofel und Aferer Geisler gegenüber schon verheißungsvolle Marksteine, durch die wir auf der ersten Etappe schlüpfen. Mit dem Übergang zur Schlüterhütte lässt sich bestens auf die Dolomiten einstimmen! Nachdem wir die kühnen Geislerspitzen an ihrer Ostseite tangiert haben, tauchen in der Puez wieder ganz andere Landschaftsbilder auf. Eigenartig triste Hochflächen legen sich um den Canyon des Langentals und formieren eine unübersichtliche, mit spärlichem Grün durchsetzte Steinwüste, die fast melancholische Stimmungen hervorzaubert und so in krassem Gegensatz zu den sonst eher vertikal ausgerichteten Strukturen steht.

Genau diesen Kontrast vereint die Sellagruppe in beispielloser Manier. Am dritten Tag stehen wir vor ihrer Nordfront, die sich vom Sockel weg zweigeschossig in die Höhe reckt und als regelrechtes Bollwerk in Erscheinung tritt. Eingerahmt von den Talschaften Hochabtei, Gröden, Fassa und Buchenstein bildet die Sella das Herz Ladiniens, jener ethnologischen Insel inmitten der Dolomiten, deren eigenständiges kulturelles Erbe bis heute und hoffentlich auf ewig bewahrt werden kann. Über die auf halber Höhe gelegene Pisciadùhütte erklimmen wir die Sellafestung bis auf das hohe »Flachdach«, das sich – karger noch als jenes der Puez – wie eine Mondlandschaft ausnimmt, und kratzen dort an der 3000-Meter-Linie (oder gelangen am Piz Boè sogar darüber hinaus!).

Marmolada und Pala

Zwischen Grödner Joch und Pordoijoch wird die Sella also in mustergültiger Weise überschritten. Hernach steht schon das nächste Schaustück Parade, vortrefflich zu bewundern vom legendären Bindelweg aus: die Marmolada, »Königin der Dolomiten«, wie sie von den Ladinern besungen wird, eine »montagna perfetta« in den Augen italienischer Bergfreunde. Der Gletschermantel auf der Nordseite, die lotrechten Südwände, dazu alle alpinen Betätigungsformen vom Seilbahnbergsteigen und Gletscherskilauf bis hin zu Via ferrata und Extremklettern kommen bei der Marmolada zusammen. Ein veritabler Rummel ebenfalls. Für uns Weitwanderer wird sie allerdings auch zur hohen Hürde, die eine der Schlüsselstellen der ganzen Tour aufwirft und zuweilen Eisausrüstung notwendig macht. Die Alternative außen herum wird daher nicht selten ins Kalkül gezogen.

Südlich der Marmolada nimmt der Bekanntheitsgrad schlagartig ab. Zwischen den Pässen San Pellegrino und Vallès schiebt sich sogar nochmals eine für die Dolomiten untypische Zone, die aufgrund ihres quarzhaltigen Ergussgesteins eher Verwandtschaft mit den Lagoraibergen zeigt. Doch die Palagruppe steht längst am Horizont. Beim Übergang zum Rifugio Mulàz beginnt sie, ihre einzigartige Aura voll zu entfalten. Und am Sentiero delle Farangole zum Rifugio Rosetta sowie der Fortsetzung Richtung Rifugi Pradidali und Treviso stehen Palakulissen der Extraklasse Spalier. Freilich gewinnt auch die Route selbst an alpiner Schärfe, bewegt man sich doch mitten durch wilde Felsreviere. Ohne etwas Courage und zumindest elementare Kletterfertigkeiten wird man den Sentiero delle Farangole und den Passo delle Lede kaum meistern können. Mit Letztgenanntem nähern wir uns bereits dem Pala-Südzug, der andeutet, was zum Ende des Dolomiten-Höhenwegs Nr. 2 noch zu erwarten ist.

Terra incognita am Südrand

In der Cimònega und den fast nahtlos anschließenden Vette Feltrine lässt sich in eine buchstäblich urwüchsige Dolomitenlandschaft eintauchen, die seit 1993 unter dem Schutz eines Nationalparks steht. Schroffe Gipfel und tiefe, unzugängliche Schluchten prägen ein überaus markantes Relief, und wer zur Hauptblütezeit kommt, wandelt durch einen riesigen Blumengarten. Die üppige Flora am Südsaum der Alpen bringt auch zahlreiche seltene oder gar endemische Arten hervor. Ein wenig wohnt in diesen Bergen immer noch das Abenteuer, sodass die Abschnitte zwischen Passo Cereda, Rifugio Boz und Rifugio Dal Piàz gewiss zu den nachhaltigsten der Tour gehören werden. Intensiver als auf einem der großen Dolomiten-Höhenwege kann man die »Bleichen Berge« als Normalwanderer jedenfalls kaum erleben …

Farbtupfer am Wegesrand (nördliche Pala)

St. Andrä (Plosebahn) – Schlüterhütte

Von der Plose zu den Geislerspitzen

8.1

Erste Verheißung der Dolomiten: die Aferer Geisler von Norden

leicht | km 15,8 km | 5.30 Std. | 980 Hm | 730 Hm

Charakter: Ordentliche Bergwege ohne besonders schwierige Passagen; etwas steiler ist der Anstieg zur Peitlerscharte. Einige Waldabschnitte, überwiegend aber freies Gelände, gut 1 km auf einer Asphaltstraße.

Ausgangspunkt: Kreuztal (2050 m), Bergstation der Plosebahn von St. Andrä bei Brixen

Endpunkt: Schlüterhütte (2297 m)

Höchster Punkt: Plosehütte (2446 m)

Einkehr: Kreuztal, Plosehütte, Schatzerhütte, Enzianhütte, Halsl

Gehzeiten: Kreuztal – Plosehütte 1.00 Std. – Halsl 1.45 Std. – Schartenbach 1.10 Std. – Peitlerscharte 0.50 Std. – Schlüterhütte 0.45 Std.

Für den Einstieg in den Dolomiten-Höhenweg Nr. 2 gibt es eine ganze Reihe von Vorgehensweisen, die hauptsächlich von der individuellen Zeitplanung abhängig sind. Doch wohl kaum jemand wird den ermüdenden Komplettanstieg direkt von Brixen – respektive vom Hangdorf St. Andrä – auf sich nehmen. In der Regel bedient man sich der Plose-Umlaufbahn, die zumindest in der Hauptsaison täglich von 9 bis 18 Uhr in Betrieb ist. Von der Bergstation bei Kreuztal gehen wir kurz abwärts zum Hotelkomplex und steigen anschließend am weitläufigen Südwestrücken des Plosemassivs über das Schönjöchl (2301 m) bis zur Plosehütte (2446 m) aufwärts. Wer spät dran ist oder die Tour bewusst locker angehen möchte, kann hier die erste Übernachtung einpla-

Varianten an der Plose

Theoretisch kann man sich den Aufstieg zur Plosehütte sparen und auf einem breiten Almfahrweg (»Panoramaweg«, Nr. 14) durch die Südflanken queren. Ein Stück weit hinter der bewirtschafteten Rossalm (2200 m) trifft man auf die Originalroute; ca. 0.30 Std. kürzer. Sollte die Plosebahn nicht im Betrieb sein, empfiehlt sich eine Busfahrt von Brixen bis Palmschoß (1697 m) oder bis zum Sporthotel (1950 m).

Extra: Peitlerkofel (2875 m)

Aufgrund seiner auffälligen Gestalt, der Lage als nördlicher Vorposten der Dolomiten und nicht zuletzt der grandiosen Rundsicht ist der Peitler ein sehr populärer Gipfel. Durch die Südflanke führt ein Schrofensteig in Kehren bergan, ehe das gesicherte felsige Finale manchem Aspiranten noch eine Mutprobe abverlangt. 1.30 Std. Aufstieg und 1.00 Std. Abstieg vom Abzweig an der Peitlerscharte.

nen – stimmungsvolle Fernblicke inklusive, denn die Plose gilt als exzellenter Aussichtsberg. Die eigentliche Gipfelkuppe, als Telegraph (2486 m) bezeichnet, ist von der Hütte rasch erreichbar, allerdings von einer militärischen Anlage gezeichnet.

Der Weiterweg führt ostwärts hinab in die Lüsner Scharte (2383 m), wo wir uns vom Kammbereich abwenden und auf der Südseite insgesamt schräg abwärts wandern. Leider stören im gesamten Plosebereich immer wieder Skierschließungen das Bild. Nach Kreuzen eines breiten Karrenwegs, der von der Rossalm herüberkommt (siehe Variante), wird es aber deutlich urwüchsiger. Route Nr. 4 leitet in einen ersten Graben hinunter und führt dann recht schmal (einige Drahtseile) am rinnenzerfurchten Zirbenhang entlang. Um einen Hangrücken treten wir allmählich auf die weitläufigen Gampenwiesen hinaus. Unweit der Schatzerhütte (1984 m), die rechts abseits bleibt, trifft man auf einen breiten Weg und folgt diesem bis kurz vor die Enzianhütte (1967 m), um schließlich rechts Richtung Halslstraße abzudrehen. Im Bergab durch ein Waldstück kommt man unweit der Halslhütte (1860 m) heraus.

Auf der kurvigen Bergstraße geht es nun rund anderthalb Kilometer Richtung Osten, bis der Dolomiten-Höhenweg gemeinsam mit Nr. 4 rechts abzweigt. Wir queren durch das Vorfeld der Aferer Geisler, deren zerschlissene Nordflanken sich über uns aufbauen und neben dem massigen Peitlerkofel bereits lange vorher bewundert werden konnten. Während der Traverse wird ein je nach Jahreszeit wasserführender Schotterstrom sowie leicht ansteigend ein imposanter Wasserfallkolk (P. 1942) gekreuzt, ehe man in die Eintalung des Schartenbachs kommt. Hier bald einmal auf die linke Seite, wo sich Weg Nr. 8a vom Würzjoch dazugesellt, und in längerem Bergauf – zuletzt wieder auf der rechten Seite – zur Peitlerscharte (2357 m). Dank der guten Steiganlage ist auch dieses Stück nicht übermäßig anstrengend. Umso schöner der Ausklang der Etappe: Mit freiem Blick über die Bergwelt des Gadertals (im Hintergrund die Kreuzkofelwände!) geht es beinahe horizontal durch die Mattenhänge nach Süden. Nachdem eine kleine Schwelle überschritten ist, dreht die Route Richtung Kreuzkofeljoch (2340 m) ein und erreicht gleich dahinter die Schlüterhütte (2297 m) im Angesicht der Geislerspitzen. Im Westen öffnet sich das Villnößtal.

Schlüterhütte – Puezhütte

Über Roa- und Nivesscharte

8.2

Nach beschwerlichem Aufstieg tut sich an der Roascharte ein neues Blickfeld auf.

mittel | km 9,8 km | 4.10 Std. | 770 Hm | 590 Hm

Charakter: Nicht sonderlich langer, aber phasenweise relativ anspruchsvoller Übergang, bedingt durch den mühsamen Steilhang unterhalb der Roascharte und vor allem die Klettersteigpassagen zur Nivesscharte, welche jedoch auch umgangen werden können. Trittsicherheit erforderlich.

Ausgangspunkt: Schlüterhütte (2297 m)

Endpunkt: Puezhütte (2475 m)

Höchster Punkt: Nivesscharte (2740 m)

Einkehr: Medalges-Alm

Gehzeiten: Schlüterhütte – Kreuzjoch 0.50 Std. – Roascharte 1.40 Std. – Nivesscharte 0.30 Std. – Puezhütte 1.10 Std.

Von der Schlüterhütte begeben wir uns auf dem südlichen der beiden Wege gegen das breite Kreuzkofeljoch hinauf und drehen dort rechts ab, um mit Nr. 3 weiter zum Oströcken des Sobutsch anzusteigen. Dieser wird nach einigen schrofigen Stellen beim Bronsoijoch (2421 m) erreicht und eröffnet einen herrlichen Blick auf die Nordfront der Puezgruppe. In der südseitigen Wiesenflanke erfolgt nun eine lang gezogene Abwärtstraverse, die bei der einfach bewirtschafteten Medalges-Alm (in der Tabacco-Karte »Furkelalm« genannt) bzw. beim nahen Kreuzjoch (2293 m) endet. Diese Lücke wird jedoch nur tangiert. Wir bleiben an der Ostflanke der bald mächtig aufstrebenden Geislerspitzen, verlieren unter Felsschrofen noch ein paar Meter und setzen

Variante: Über die Sielesscharte

Wem der kurze Klettersteig nicht geheuer ist, der kann von der Roascharte südwärts absteigen, wobei man darauf achtet, nicht rechter Hand in das Hochtal abgedrängt zu werden (Nr. 3 zur Regensburger Hütte), sondern an den Geröllhalden zur Linken verbleibt. Bei großen Blöcken in Weg Nr. 2 einmündend, ersteigt man die Sielesscharte (2505 m) und mit Drahtseilhilfe einen höheren Felsenkamm zur Linken, ehe mit einer Hangtraverse und schließlich absteigend die Direktroute auf dem Balkon der Puezalpe erreicht wird. Der Umweg verlängert die Etappe um 0.30 Std.

dann zu einer längeren Gegensteigung an. Sie führt über die markante Geländenase bei P. 2369, nach Abzweig des Wasserscharten-Übergangs durch eine schottrige Hangbucht und damit an den Auslauf der Roascharte (2613 m). Der steile Geröllschlauch wirkt einschüchternd, doch verlangt uns der Serpentinenreigen meist nur eine gute Portion Disziplin ab, es sei denn, heikle Schneefelder sorgen für zusätzliche Unannehmlichkeiten. Die Mühsal lohnt sich freilich: Von schroffen Felsmassen umstellt, gewahren wir an der Roascharte ein neues Blickfeld. Über dem jenseitigen Hochtal erscheint der breit gelagerte Col dla Pières.

Der günstigste Weiterweg leitet nun scharf links mit nur geringem Höhenverlust unter den abweisenden Felsriegel am Südauslauf des Piz Duleda. Der Durchstieg gelingt auf einer klettersteigartig ausgebauten Route über Felsstufen und Kamine, wobei einmal auch eine Leiter behilflich ist. Nach gut 100 sehr steilen, aber für Geübte nicht zu schwierigen Höhenmetern öffnet sich an der Nivesscharte (2740 m) der östliche Horizont. Auf dieser Seite führt ein problemloser Steig Richtung Puezalpe hinab, deren sanfte Hänge sich wie ein Balkon zwischen dem abgrundtiefen Langental und den wilden Puezspitzen hinbreiten. Somit kann eine unbeschwerte Wanderstunde unsere heutige Etappe beschließen: Nahezu horizontal geht man eine Hangbucht aus und gewinnt während der letzten Traverse an den sandigen Abhängen des Puezkofels noch ein paar wenige Meter bis zur Puezhütte (2475 m).

Die tief eingeschnittene Furche des Langentals

Puezhütte – Pisciadùhütte

Von der Puezgruppe in die Sella

8.3

Auf der Mittelterrasse der Sella, kurz nach dem Ausstieg aus dem Val Setùs

mittel | km 8,8 km | 4.30 Std. | 750 Hm | 640 Hm

Charakter: Bis zum Grödner Joch unschwieriger alpiner Höhenweg, bei Nebel auf dem Hochflächengelände erhöhte Aufmerksamkeit. Im Val Setùs Steilschutt und zuoberst Klettersteig, mitunter durch Schnee oder Vereisung erschwert (Schattseite!). Trittsicherheit und Schwindelfreiheit wichtig.

Ausgangspunkt: Puezhütte (2475 m)

Endpunkt: Pisciadùhütte (2585 m)

Höchster Punkt: Auf dem Sella-Ringband (2610 m)

Einkehr: Jimmys Hütte, Grödner Joch

Gehzeiten: Puezhütte – Crespëinajoch 1.30 Std. – Grödner Joch 1.00 Std. – Pisciadùhütte 2.00 Std.

Die landschaftlichen Kontraste sind auf diesem Übergang besonders eindrucksvoll: zunächst die geheimnisvolle, fast schwermütige Puezwelt, später das kolossale Bollwerk der »Gralsburg Ladiniens«, wie die Sella mitunter genannt wird. Ein tiefer Einriss durchbricht die senkrechten Mauern und gewährt uns Einlass in die oberen Etagen ihres monumentalen Aufbaus. Vorerst gilt es jedoch, die tiefe Furche des Langentals zu umrunden. Auf der flachen Hochterrasse am Rande der Gherdenaccia und der anschließenden Crespëina macht dies keine besonderen Schwierigkeiten. Schon die ladinischen Namen künden vom verborgenen Zauber dieser eigentümlich erodierten Hochplateaus, wo Dolinentrichter neben Sandburgen wie dem Col da la Sone liegen.

Unweit der Abbrüche gegen das Langental, in dessen Verlängerung der Langkofel herübergrüßt, wandern wir von der Puezhütte auf breit ausgetrampeltem Weg anfangs gen Südosten, später leicht fallend südwärts Richtung Ciampëijoch (2366 m). Eine kurze Rinne mit Stufen leitet hinab in die enge Kerbe, wo ein Übergang zwischen Wolkenstein und Kolfuschg kreuzt. Wir wenden uns mit Nr. 2 indes wieder aufwärts und kommen auf die wellige Crespëina-Hochfläche. Nach Durchschreiten einer Geländesenke, die abseits zur Rechten den gleichnamigen See verbirgt, geht es etwas steiler bergauf bis ins Crespëinajoch (2528 m). Hinter dem Gatter mit dem Kruzifix halten wir uns nach kurzem Abstieg Richtung Val de Chedul an den Linksabzweig, queren unterhalb der Felsen und gewinnen mit ein paar Kehren bereits das Cirjoch (2469 m). Ein wahres Felslabyrinth tut sich dahinter auf. Im Bedauern, dass diese pfiffige Passage nicht länger andauert, folgen wir der gut ausgebauten Steiganlage nach rechts hinaus auf die Hanglagen über dem Grödner Joch, wo man nun vollends von der Sella in Bann gezogen wird. An der Jausenstation »Jimmy« (2222 m) vorbei erreichen wir die stark frequentierte Passhöhe mit ihren Gasthäusern und Souvenirläden.

Direkt beim Rifugio Frara (2121 m) setzt der Gegenanstieg (Nr. 666) an. Nun rücken wir der Sellabastion zu Leibe, zunächst an einem Wiesenrücken, dann mittels längerer Querung bis unter den Auslauf des Val Setùs. Ein wilder, schluchtartiger Winkel öffnet sich – im Versprechen, den Durchschlupf auf die Hochterrasse des Sella-Ringbandes zu ermöglichen. Viele Kehren leiten in dem zwischen steilen Wänden eingezwängten Karschlauch höher. Bis weit in den Sommer hinein kann die Schuttspur hier und da von Schneefeldern überdeckt sein. Nachdem die Wände des massigen Campanile Campidel passiert sind, orientiert man sich mehr nach links und gelangt zum abschließenden Steilriegel, der fast durchgängig als Klettersteig ausgebaut ist. Nach diversen Steilstufen erfolgt der Ausstieg auf das breite Terrassenband des Sellastocks (P. 2610), von wo es nach links nur noch ein Katzensprung zur Pisciadùhütte (2585 m) ist: ein traumhaft gelegener Stützpunkt auf Tuchfühlung zu brachialen Felsmassen, mit einem See in der Nähe sowie einer effektvollen Aussicht über den nordseitigen Gebirgsraum.

Im Felslabyrinth beim Cirjoch

8.4

Pisciadùhütte – Lago di Fedaia

Über das Sellaplateau zum legendären Bindelweg

Die Pyramide des Piz Boè von Süden

mittel | km 14,2 km | 6.15 Std. | 800 Hm | 1340 Hm

Charakter: Hochalpine Etappe mit kurzen gesicherten Passagen im Val de Tita, am Coburger Weg und gegebenenfalls am Piz Boè. In der Sella durchwegs steinig und rau, besonders geröllreich unterhalb der Forcella Pordoi. Im Gegensatz dazu am Bindelweg fast promenadenhafte Trasse quer durch Wiesenflanken. Flexible Einteilung mit mehreren Stützpunkten unterwegs.

Ausgangspunkt: Pisciadùhütte (2585 m)

Endpunkt: Rifugio Marmolada (2044 m) am Lago di Fedaia

Höchster Punkt: Auf dem Hochplateau der Sella (ca. 2950 m)

Einkehr: Rifugio Boè, Rifugio Forcella Pordoi, Pordoijoch, Rifugio Fredarola, Rifugio Vièl dal Pan

Gehzeiten: Pisciadùhütte – Rifugio Boè 2.00 Std. – Forcella Pordoi 0.45 Std. – Pordoijoch 1.00 Std. – Rifugio Vièl dal Pan 1.00 Std. – Lago di Fedaia 1.30 Std.

Die Sella-Überschreitung wird oft als ein Glanzstück des Dolomiten-Höhenwegs Nr. 2 empfunden. Nachdem wir tags zuvor ja schon die halbe Höhe gewonnen haben, schaffen wir es heute bis auf das karge »Flachdach«, vielleicht sogar bis auf den Kulminationspunkt des Piz Boè. Von der Pisciadùhütte zuerst kurz hinab zum gleichnamigen See und am linken Rand des Kartrichters aufwärts. Nach einer Weile erleichtern einige Drahtseile den Aufstieg in das sekundäre Val de Tita, das zu einer stei-

Extra: Piz Boè (3152 m)

Bei klarem Wetter fast ein Muss ist die Überschreitung des Piz Boè, der dem Sellastock als Pyramide wie das i-Tüpfelchen obenauf gesetzt ist. Die Gipfelroute trennt sich beim Rifugio Boè ab, leitet über eine Steilstufe mit gesichertem Band (Einbahnregelung) auf die geröllige Nordwestabdachung und schließlich gratnah zur Capanna Fassa am höchsten Punkt. Phänomenal das Gipfelpanorama! Mit der Überschreitung gelangt man am Südwestrücken über einige gesicherte Stufen wieder auf den Dolomiten-Höhenweg (1.00 Std. länger).

nigen Senke südlich der Cima Pisciadù aber rasch wieder abflacht. Hier dreht unsere Route rechts ab und entkommt allmählich der Umklammerung steiler Felsbauten: Ein Felsdurchschlupf sowie ein paar unschwierige Absätze prägen den Schlussanstieg bis auf einen weitläufigen steinigen Höhenrücken, die Schwelle zum Sellaplateau. Es wirkt wie eine Mondlandschaft! In südlicher Richtung gelangen wir leicht abwärts auf die flachen Steinbänke bei der Forcella d'Antersas (Wegverzweigung ins Val Lasties) und können uns danach entweder für die geringfügig längere aber leichtere Überschreitung des Zwischenkofels (L'Antersas, 2907 m) oder für die westseitige Traverse auf dem Coburger Weg entscheiden. Diese verläuft ziemlich ausgesetzt und ist entsprechend mit Drahtseilen gesichert. Wieder vereinigt leitet die Route zum nahen Rifugio Boè (2871 m), der nichts als Stein um sich herum hat.

Während sich nun der Piz Boè direkt über uns aufbaut, führt die offizielle Fortsetzung etwas eintönig ohne große Höhenunterschiede rechts daran vorbei. Später dreht man rechts ab und steuert die Forcella Pordoi (2829 m) mit ihrem Schutzhaus an. Sobald die Seilbahn auf den Sass Pordoi vormittags ihren Betrieb aufgenommen hat, herrscht in diesem Bereich ein ziemliches Gewusel. Wir verzichten allerdings auf die technische Unterstützung (zumal dafür gut 100 Höhenmeter extra fällig wären) und steigen in die unmittelbar ansetzende, nach unten ausspreizende Geröllrinne ein. Im Zickzack geht es hier rasch tiefer, bevor der Weg über grasig-erdiges Gelände zum Pordoijoch (2239 m) ausläuft. Abermals erfasst uns der typische Trubel eines Dolomitenpasses.

Man muss sich freilich nicht lange aufhalten und kann beim Hotel Savoia sofort Richtung Bindelweg entschwinden, wenngleich gesagt werden muss, dass auch dort selten Einsamkeit herrscht. Immerhin dürfen wir – nachdem der Anstieg am Sas Bece vorbei zur Kammhöhe absolviert ist – in herrlichsten Ausblicken schwelgen. Beim Rifugio Baita Fredarola (2370 m) schwenken wir auf die Südseite des aus vegetationsfreundlichen Vulkaniten aufgebauten Padónkammes und folgen der komfortablen Trasse des Bindelwegs ostwärts. Stets ist die Marmolada der Hauptblickfang! Der moderne Rifugio Vièl dal Pan (2432 m) lädt als Balkonloge zu einem längeren Aufenthalt ein. Dahinter wird in den steilen Grasflanken vorerst die Höhe gehalten, einmal sogar eine Kammsenke tangiert (Blick nach Norden zur Sella!). Nachdem eine Verbindung zur Porta Vescovo abgezweigt ist, senkt sich unser Weg (Nr. 601 wie bisher) deutlich bergab und führt in Schleifen zum Lago di Fedaia hinunter. Gleich vorn empfängt uns der Rifugio Castiglioni alla Marmolada (2044 m), während jenseits der Staumauer zwei weitere Unterkünfte bereitstehen.

Lago di Fedaia – Rifugio Fuciade

Hochalpine Überschreitung der Marmoladascharte

8.5a

Durch die Marmoladascharte führt der anspruchsvolle Übergang zum Rifugio Contrin.

schwierig | km 12,5 km | 7 Std. | 1150 Hm | 1750 Hm

Charakter: Zwei Halbetappen zusammengefasst, die erste gehört zu den Schlüsselpassagen der gesamten Tour: Zur Forcella della Marmolada Gletschertraverse (keine Spalten, aber speziell im späteren Sommer oft Steigeisen notwendig), zudem kurze Klettersteigpassagen in beachtlicher Höhe. Der zweite Übergang verläuft auf geröllreichen Steigen, südseitig teilweise steil. Insgesamt nur für Bergerfahrene ratsam.

Ausgangspunkt: Rifugio Marmolada (2044 m) am Lago di Fedaia

Endpunkt: Rifugio Fuciade (1982 m)

Höchster Punkt: Forcella della Marmolada (2896 m)

Einkehr: Lago di Fedaia, Rifugio Pian dei Fiacconi, Rifugio Contrin

Gehzeiten: Lago di Fedaia – Pian dei Fiacconi per Lift (zu Fuß 1.30 Std.) – Forcella della Marmolada 1.45 Std. – Rifugio Contrin 1.45 Std. – Passo delle Cirelle 2.00 Std. – Rifugio Fuciade 1.30 Std.

Wie eine Barriere stellt sich uns die Marmolada, Königin der Dolomiten, mit ihrer breiten Gletscherbrust entgegen. Auf dem Weg nach Süden gibt es nun zwei Möglichkeiten: entweder großräumig umgehen oder durch das Nadelöhr der Marmoladascharte schlüpfen und damit die Ideallinie auf dem »Zweier« einhalten. Freilich sollten wir in diesem Fall für eine Traverse im Eis und eine luftige Klettersteigeinlage gewappnet sein, wenn wir am Fedaiasee den Lift zum Rifugio Pian dei Fiacconi (2626 m) betre-

Extra: Marmolada di Penìa (3343 m)

Der höchste Punkt der Dolomiten kann aus der Marmoladascharte über den Westgrat-Klettersteig erreicht werden (hin und zurück 3 Std. zusätzlich). Lange Klammerreihen über glatte Plattenschüsse prägen diese Route, die klettertechnisch als mäßig schwierig eingestuft wird, für Bergwanderer freilich eine große Herausforderung stellt (nur mit kompletter Ausrüstung und niemals bei Gewitterneigung!).

ten. Den Anstieg über eintönige Schotterrampen (Weg Nr. 606) kann man sich getrost sparen, es sei denn, man bevorzugt einen sehr frühen Aufbruch (der Lift verkehrt normalerweise ab 8 Uhr).

Nachdem wir die Staumauer überschritten und rechts kurz zur Talstation angestiegen sind, entlässt uns der Stehgondellift schon wenige Minuten später in der Mitteletage, nicht allzu weit vom Marmoladagletscher entfernt. Anstatt nun aber direkt bergwärts zu steigen, vollzieht man eine längere Traverse Richtung Westen, bei der wieder etliche Höhenmeter eingebüßt werden. Wir müssen nämlich zunächst an einem weit vorspringenden Felssporn vorbeikommen, um das Hochkar unterhalb der Marmoladascharte zu erreichen.

Hier geht es über typischen Karschotter bergauf, ehe man unvermeidlich die Gletscherbucht betritt. Bei gutem Firn mag eine Begehung beinahe harmlos erscheinen, tritt allerdings im Laufe des Sommers Blankeis zutage, kann es ohne Steigeisen sehr prekär werden. Wir stoßen an den oberen Felsansatz und gewinnen über eine kurze Ferrata die zwischen Marmolada und Vernel eingelagerte Forcella della Marmolada (2896 m). Jenseits an fast senkrechter Bügelreihe abwärts auf die Schotterfelder, die weit ins Val Rosalia hinunterziehen und im Abstieg relativ rasch zu bewältigen sind. Zwischendrin zweigt scharf links die Route zum Passo Ombretta unter der gewaltigen Südwand ab, ehe wir im Auslauf über zunehmend freundlicheres Gelände der Rifugio Contrin (2016 m) ansteuern.

Die Fortsetzung führt zunächst zur nahen Malga Contrin und mit Nr. 607 über einige Gräben ins Val delle Cirelle. Dort nähert man sich dem Sockel des ausladenden Ombretta-Massivs. Über eine Geländeabstufung rechts haltend und nunmehr durch kargere Schuttmulden südwestwärts zum Passo delle Cirelle (2683 m) hinauf. Erstaunlich, wie weitverzweigt sich das südliche Hinterland der Marmolada präsentiert. Beim Abstieg auf der Südseite anfangs kehrenreich oder in rasanter »Abfahrt« über Steilschutt, dann etwas nach rechts ausholend auf die erste Verflachung im Val della Tascia. Nach einer weiteren Terrasse zeigen sich die Abhänge zum Val de Jigolé schon lieblicher, ehe wir in das Almgebiet von Fuciade hinaustreten. Im Rifugio mit dem gleichen Namen (1982 m) finden wir Quartier.

Beim Rifugio Contrin haben wir die hohe Hürde der Marmolada hinter uns.

Lago di Fedaia – Rifugio Fuciade

Ausweichroute über Malga Ciapéla und Forca Rossa

8.5b

Pferde weiden im Valfredda.

leicht | 10,8 km | 4.30 Std. | 1060 Hm (Aufstieg) | 550 Hm (Abstieg)

Charakter: Überall leichte Bergwege, oft Mattengelände, zuweilen auch steindurchsetzt. Die Strecke Lago di Fedaia – Malga Ciapéla verläuft vorwiegend entlang der Straße und kann vorteilhaft mit dem Bus oder auch per Anhalter zurückgelegt werden.

Ausgangspunkt: Rifugio Marmolada (2044 m) am Lago di Fedaia bzw. Malga Ciapéla (1467 m) im oberen Val Pettorina

Endpunkt: Rifugio Fuciade (1982 m)

Höchster Punkt: Forca Rossa (2490 m)

Einkehr: Lago di Fedaia, Malga Ciapéla, Agritur Malga Ciapéla

Gehzeiten: Lago di Fedaia – Malga Ciapéla per Bus (zu Fuß 2.00 Std.) – Franzedàz 1.45 Std. – Forca Rossa 1.45 Std. – Rifugio Fuciade 1.00 Std.

Falls von einer Überschreitung der Marmoladascharte abzusehen ist – entweder weil man nicht das nötige alpine Rüstzeug mitbringt oder weil vielleicht das Wetter zu zweifelhaft erscheint –, bietet ein Ausweichen via Malga Ciapéla die beste Alternative, um ohne Schwierigkeiten auf die Südseite der Marmolada zu gelangen. Der erste Teil ab Fedaiasee bleibt freilich für Wanderer unbefriedigend, ist man doch mehr oder weniger verurteilt, entlang der Passstraße zu gehen (nur am Stausee selbst gibt es auch einen verkehrsfreien Süduferweg). Deshalb zielt der Ratschlag ganz klar dahin, für diesen Abschnitt den Bus zu nutzen. Immerhin ist man vor der eigentlichen

Etappe ziemlich flexibel in der Wahl des Nächtigungsortes: So kommen nicht nur die Gasthäuser am Fedaiasee infrage, sondern auch bereits Malga Ciapéla, wo mehrere stattliche Hotels stehen. Erwägenswert wäre, die vierte Etappe bereits am Rifugio Vièl del Pan abzuschließen und frühmorgens im schönsten Licht zum Fedaiasee zu wandern, um dort planmäßig den 10-Uhr-Bus nach Malga Ciapéla zu erwischen. Der Bestand des Fahrplans kann freilich an dieser Stelle nicht garantiert werden.

Von der Hotelsiedlung geht es mit der Fahrstraße durch ein Campingareal in das innere Val Pettorina hinein und zur Agritur Malga Ciapéla (1540 m). Hinter dem letzten Parkplatz und einer Brücke hält man sich bei einer Gabelung links (Nr. 689) ins Val de Franzedàz. Später verzweigt sich die Route erneut. Urtümlicher, aber etwas umständlicher ist jetzt Variante Nr. 684, die zunächst weiter in den Talschluss verfolgt wird und dann steil durch Wald zur Malga Franzedàz (1986 m) ansteigt. Wählt man hingegen die engen Serpentinen des Karrenwegs, gelangt man schneller in die Nähe des Almdorfs und kann kurz davor gleich unter den Hängen des Monte Fop bleiben. Mit dem Rechtsabzweig schlagen wir den guten Bergweg zur Forca Rossa (2490 m) ein, die nach langem Schräganstieg und ausgiebigen Kehren erreicht wird. Dabei ist zuvor achtzugeben, auf rund 2300 Meter Höhe den 689er zu verlassen (dieser führt im Linksbogen zum Passo de Col Becher) und den Überstieg rechts anzupeilen.

Unbekannte, aber keineswegs minderrespektable Gipfel der südlichen Marmoladagruppe stehen Spalier: Monte La Banca, Sasso di Valfredda, Cima dell'Uomo ... Im Süden grüßen bereits die Hochzinnen der Pala! Von der Forca Rossa, dessen vorspringende Kanzel den schönsten Logenplatz verspricht, folgt ein Abstieg über weitläufiges Wiesengelände. Nach den ersten Abhängen erreichen wir einen flachen Boden, wandern weiter über die Hochweiden des Valfredda in Grundrichtung Südwest und drehen auf einem Geländerücken scharf rechts ab. Mit der Bezeichnung »Rifugio Fuciade« als Anhaltspunkt treffen wir nach einem kurzen Steilstück beim Tagesziel ein und erfreuen uns an den idyllischen Almimpressionen mit herrlichen Blumenwiesen.

Die Route über die Forca Rossa ist bestens ausgebaut.

Rifugio Fuciade – Rifugio Volpi al Mulàz

Über die Zingari Alti in die wilde Pala

8.6

Am sechsten Tag lassen wir die Marmolada (hinten die Südwand) endgültig zurück.

mittel | km 14,8 km | 5.45 Std. | 700 Hm | 720 Hm

Charakter: Bis zum Passo di Vallès meist ganz leichte, breite Schotterwege, weiter zum Rifugio Mulàz zumindest stellenweise anspruchsvollere Bergwege, für die solide Trittsicherheit erforderlich ist. In einigen steileren Felspassagen Drahtseile. Auf den Hochflächen jenseits des Col Margherita bei Nebel eventuell schwierige Orientierung. Bei Verzicht auf die Seilbahn gut 1 Std. länger; Unterbrechung am Passo di Vallès möglich.

Ausgangspunkt: Rifugio Fuciade (1982 m)

Endpunkt: Rifugio Volpi al Mulàz (2571 m)

Höchster Punkt: Sasso Arduini (2582 m)

Einkehr: Passo di San Pellegrino, Col Margherita, Passo di Vallès

Gehzeiten: Rifugio Fuciade – Passo San Pellegrino 1.00 Std. – Col Margherita per Seilbahn – Passo di Vallès 1.15 Std. – Rifugio Mulàz 3.30 Std.

Nach einem für die Dolomiten untypischen Intermezzo in der Porphyrkette der Bocche tauchen wir rascher als erwartet in die verheißungsvolle Palagruppe ein, wo zu neuen Höhenflügen angesetzt werden darf. Das Warmlaufprogramm an diesem Morgen findet von Fuciade her auf dem breiten Natursträßchen Richtung Passo di San Pellegrino statt. Fast höhengleich zieht es durch die teils offenen, teils bewaldeten Flanken. Etwa 10 Minuten vor Erreichen der Passstraße verbirgt sich hinter einem Wall der Lago di Pozze mit dem Albergo Miralago (1920 m). Am Passo di San Pellegrino

Extra: Monte Mulàz (2906 m)

Der Hausberg des Rifugio Mulàz – einer der wenigen unschwierigen Palagipfel – lässt sich auf einem markierten Felssteig binnen 1 Std. ersteigen: noch vor dem Passo del Mulàz über Geröllhänge aufwärts, dann weit nach rechts hinaus und zuletzt von der Ostseite zur Gipfelglocke.

(1907 m) können wir links haltend Steig Nr. 658 aufnehmen, der durch den schütter bewaldeten Nordhang zu den Zingari Alti (P. 2297 an der Schwelle) hinaufleitet. Da man aber auch mit Skipisten in Berührung kommt, ist dies nicht sonderlich reizvoll und lässt die bequeme Alternative mit der Seilbahn plötzlich verlockend erscheinen. Das Timing dürfte einigermaßen passen: Die Funivia zum Col Margherita (Talstation knapp östlich der Passhöhe) verkehrt zwischen Ende Juni und Mitte September ab 9 Uhr.

Von der Gipfelstation (2513 m) wandern wir auf breiten Schotterwegen umständlich kurvig über mäßig steile Hänge gegen die Forcella di Pradazzo (2220 m) hinunter und nehmen dort den offiziellen Höhenweg wieder auf. Die Umgebung verströmt gesteinsbedingt ein eigenwilliges Flair, und würden nicht die schroffen Felsburgen der Pala Kulisse stehen, könnte man glatt vergessen, in den Dolomiten unterwegs zu sein. In südlicher Richtung steuern wir mit einigen Abkürzern die Malga Pradazzo und nach einer letzten Schleife um ein Eck herum das Gasthaus am Passo di Vallès (2031 m) an.

Dieser eher ruhige Straßenpass fungiert als Grenze zur Pala, der wir sicher schon längst entgegenfiebern. An der nahen Kapelle vorbei begeben wir uns in vegetationsfreundlichem Gelände aufwärts, queren zwischendurch nach links und erreichen nach ein paar Kehren die Forcella di Venegia (2217 m) mit einem Traumblick auf die Phalanx des Pala-Nordzuges. Nun weiter mit Nr. 751 links am Kamm hoch. Die Route leitet bald in die Südflanke, kommt hier im Auf und Ab an einem Seeauge vorbei und weicht einem Felsaufbau aus. Nachdem der Passo di Venegiota (2303 m) tangiert ist, steigt man rechts in Kehren über eine Anhöhe hinweg und durchmisst auf interessanten Bändern den Nordhang hinüber zum Passo dei Fochet (2291 m), einem von hundert herrlichen Rastplätzen.

Bei der Gabelung halten wir uns rechts und verlieren in Geröllhalden ein paar Höhenmeter, ehe eine längere Gegensteigung unter den Ostflanken des massigen Mulàz beginnt. Mehrere Abstufungen gliedern das Gelände, wobei in einer düsteren Rinne und an einem felsigen Abhang einige Drahtseile installiert sind. Man gewinnt den schrofigen Sattel beim Sasso Arduini (2582 m) und schwenkt damit in den von mächtigen Zinnen überragten Focobon-Kessel ein. Dort trennen uns nur noch wenige Schritte vom Rifugio Mulàz (2571 m).

Gesicherte Passage beim Aufstieg zum Rifugio Mulàz

Rifugio Volpi al Mulàz – Rifugio Pradidali

Superlative im Herzen der Pala

8.7

Der Passo delle Farangole ist eine der größten Hürden am »Zweier«.

schwierig | 12 km | 6.15 Std. | 900 Hm | 1200 Hm

Charakter: Hochalpine Durchquerung der zentralen Pala, vor allem am Sentiero delle Farangole anspruchsvoll. Der zweite Teil ist deutlich leichter (»rot«). Fast ausschließlich Fels, Schrofen und Geröll, dabei auch diverse gesicherte Passagen. Trittsicherheit und Schwindelfreiheit unerlässlich. Im Frühsommer birgt der Übergang erhebliche Risiken.

Ausgangspunkt: Rifugio Volpi al Mulàz (2571 m)

Endpunkt: Rifugio Pradidali (2278 m)

Höchster Punkt: Passo delle Farangole (2814 m)

Einkehr: Rifugio Pedrotti alla Rosetta

Gehzeiten: Rifugio Mulàz – Passo delle Farangole 1.00 Std. – Val Strut 1.00 Std. – Pian dei Cantoni 1.20 Std. – Rifugio Rosetta 0.55 Std. – Col delle Fede 0.50 Std. – Passo di Ball 0.50 Std. – Rifugio Pradidali 0.20 Std.

Heute packen uns Palabilder der Superlative, was gleich nach dem Start beim Rifugio Mulàz beginnt. Aus einer nahen Senke ersteigen wir links haltend auf stabilisierter Spur einen steilen Geröllhang, der mit einer gesicherten Rinne abschließt und uns in die Forcella Margherita (2655 m) bringt. Gegenüber thront ein Zackenprofil, in dem wir den höheren Passo delle Farangole ausmachen. Ohne wesentlichen Höhenverlust queren wir linksseitig Schuttfelder und Schneezungen, vollziehen einen Bogen auf die rechte Seite und nähern uns von dort der abschließenden Steilrinne zum Passo

Variante: Über den Passo Pradidali Basso

Der Wechsel vom Rifugio Rosetta zum Rifugio Pradidali kann auch über den Altipiano erfolgen. Man wählt Nr. 709 und verlässt die Hochfläche über den Passo Pradidali Basso (2658 m) ins nicht minder steinige obere Val Pradidali. Die Landschaftsbilder sind öder und entrückter; der Zeitrahmen bleibt mit etwa 2 Std. gleich.

delle Farangole (2814 m). Der Durchstieg erfolgt an den Begrenzungsfelsen zur Linken und ist klettersteigartig entschärft. Aus der Scharte zieht auch südwärts eine steinschlägige Rinne hinab, wobei der Drahtseillauf willkommene Hilfe ist. Eine kleine Stufe wird sogar mittels Leiter überwunden. Wo die Geröllrinne breit ausläuft, geht es markant nach links hinaus und in Kehren bis auf den Boden des obersten Val Grande. An der nächsten Geländeschwelle halten wir uns an die rechte Seite und verlieren weiter an Höhe – über einen grünen Absatz vorerst bis zur Mündung des Val Strut (P. 2290). Wohin man schaut, dominieren großartige Felslandschaften, schroffe Wände und beeindruckende Abgründe wie jener ins Val delle Comelle, über dem wir in weiterer Folge entlangqueren. Bald sind wir am tiefsten Punkt des Sentiero delle Farangole, der inmitten abschüssiger Schrofen allmählich wieder anzusteigen beginnt und wiederholt einer Absicherung bedarf. Besonders knifflig ist die Querung des Valle delle Galline, wo es hinter einer ausgewaschenen Rinne eine enge, kaminartige Passage zu meistern gilt. Noch etwas auf und ab, nun aber deutlich entspannter, gelangen wir auf den Boden des Pian dei Cantoni, nehmen hier den Zugang aus dem Val delle Comelle auf und packen von links her den Gegenanstieg zu den kargen Höhen des Altipiano delle Pale di San Martino an. Auf der kupierten, steinern-bleichen Hochfläche empfängt uns schließlich nach zwei weiteren, gut beschilderten Gabelungen der Rifugio Pedrotti alla Rosetta (2581 m). Dass hier untertags so viel los ist, hängt mit der nahen Seilbahn zusammen.

In südlicher Richtung überschreiten wir mit Nr. 702 die Schwelle zum Val di Roda und absolvieren anschließend die unzähligen Schleifen eines aufwendig und betont flach angelegten Serpentinensteigs. Weiter unten windet sich die Trasse an der anheimelnd grünen Böschung des Col delle Fede entlang und verzweigt sich dann im Bereich einer Rinne. Wir halten die Höhe und orientieren uns mit Nr. 715 südwärts in den Abschluss des Hochtals, das von den Campanili di Val di Roda und den Felsmassen einer Pala di San Martino, Cima Immink und Cima Pardidali eingefasst wird. Links am Felshang erfolgt eine etwas exponierte Traverse über Bänder und Felshänge (Drahtseile), ehe der Passo di Ball (2443 m) erreicht wird. Mit der Cima Canali und dem Sass Maor als neuen prachtvollen Schaustücken geht es drüben rasch hinab zum Rifugio Pradidali (2278 m), an dem besonders die gläserne Veranda verblüfft.

Lichtstimmung an der Cima Corona

Rifugio Pradidali – Rifugio Treviso

Schlüsselstelle am Passo delle Lede

8.8

Noch wenige Schritte, und der Passo delle Lede ist erreicht.

● schwierig | km 6,2 km | 4.30 Std. | ↑ 600 Hm | ↓ 1250 Hm

Charakter: Sehr rauer, alpiner Übergang mit einigen Kletterstellen (oberer I. Grad, ohne Drahtseile) beim Anstieg zum Passo delle Lede und einem geröllreichen Abstieg von 1200 Metern in einem Zug. Die gesamte Etappe ist aber trotzdem nicht übermäßig lang.

Ausgangspunkt: Rifugio Pradidali (2278 m)

Endpunkt: Rifugio Treviso (1631 m)

Höchster Punkt: Passo delle Lede (2695 m)

Einkehr: Zwischendurch keine

Gehzeiten: Rifugio Pradidali – Passo delle Lede 1.30 Std. – Bivacco Minazio 1.00 Std. – Valle dei Canali 1.30 Std. – Rifugio Treviso 0.30 Std.

Rund um das Rifugio Pradidali gibt es wirklich jede Menge zu bestaunen, sodass der Abschied schwerfällt. Doch neue Impressionen warten. Die Markierungen lotsen uns nordwärts ins geröllige, teils von haushohen Blöcken übersäte obere Val Pradidali hinein, vorbei an einem im Spätsommer eher kümmerlichen See. Wir halten rechts hinüber und stoßen auf eine wichtige, aber nicht gewohnt deutlich bezeichnete Gabelung: Für uns gilt die schwächer ausgeprägte Route Nr. 711, die über losen Schotter sofort steil gegen eine Felsbarriere anzieht. Dann verschwindet sie in einer grimmigen Rinne, der man jedoch alsbald links entsteigt und über eine gestufte Wand exponiert höher klettert. Dies sind die schwierigsten Meter der Etappe, vielleicht sogar

Variante: Über die Malga Canali

Falls aus irgendeinem Grund die Originalroute nicht einzuhalten ist, kann notfalls über die gewöhnlichen Hüttenwege ausgewichen werden: Zunächst mit Nr. 709 durchs Val Pradidali weit abwärts, bis man eine Querverbindung über die Malga Pradidali zur Malga Canali (1302 m) nutzen kann. Im Valle dei Canali weiter einwärts und mit Nr. 707 zum Rifugio Treviso, ca. 3.30 Std.

der gesamten Tour. Geröllterrassen und kleinere Felsstufen wechseln einander nun ab, ehe von links her der Passo delle Lede (2695 m) gewonnen wird.

Auf der Südostseite öffnet sich der Vallon delle Lede, wo im oberen Teil viel felsdurchsetztes Geröll auftritt. Man hält sich mehr links unter die Südabstürze der Fradusta und steigt mit der zerscharteten Pala-Südkette im Blick stetig tiefer. Erst allmählich setzt spärliches Grün ein. Bei einem Absatz auf halber Höhe im Vallon empfängt uns das erstaunlich großzügige Bivacco Minazio (2250 m, 12 Lager), das in Notfällen Schutz verspricht. Die Trümmerteile in der Nähe stammen von einem Flugzeugabsturz vor gut 50 Jahren. Über die Schwelle geht es noch weit hinab, wobei die Hänge nun oft von Gras und später auch Latschen bewachsen sind, die Wegspur aber überwiegend schottrig bleibt. Kurze felsige Stufen verlangen erhöhte Aufmerksamkeit. Einmal geht es über ein (meist ausgetrocknetes) Gerinne an die linke Begrenzung heran, ehe man im Schatten des Bergwaldes endlich durchatmen kann. Noch stehen freilich ein

Lang zieht sich der Abstieg durch den rauen Vallon delle Lede.

paar »Tiefenmeter« samt etwas verschlungener Traverse aus (bei der Gabelung Weg Nr. 711A nach links einschlagen!), ehe die Bachbrücke im Valle dei Canali erreicht ist: eine willkommene Erfrischung. Am bewaldeten Gegenhang absolvieren wir schließlich noch tapfer eine Reihe von Kehren bis zum romantisch gelegenen Rifugio Treviso (1631 m).

8.9 Rifugio Treviso – Passo Cereda

Verschlungene Pfade im Süden der Pala

Die Berge über dem Valle dei Canali im Morgenlicht

mittel | 8,2 km | 4.30 Std. | 750 Hm (Aufstieg) | 1020 Hm (Abstieg)

Charakter: Übergang mit rauer, südalpiner Note. Keine eigentlich schwierigen Stellen, aber Trittsicherheit in abschüssigen Hängen erforderlich, vor allem bei Nässe, zumal die Trassen oft schmal und unter Umständen auch etwas verwachsen sind. Bei Nebel (häufig in dieser Gegend!) ist trotz ordentlicher Markierung Obacht am Platze.

Ausgangspunkt: Rifugio Treviso (1631 m)

Endpunkt: Albergo Passo Cereda (1361 m)

Höchster Punkt: Unterhalb des Passo Regàde (gut 2100 m)

Einkehr: Zwischendurch keine

Gehzeiten: Rifugio Treviso – Forcella d'Oltro 1.50 Std. – Abzweig Passo Regàde 1.10 Std. – Passo Cereda 1.30 Std.

Mit der heutigen Etappe beenden wir die über alle Maßen eindrucksvolle Pala-Durchquerung und bekommen gleichzeitig einen Vorgeschmack auf die urwüchsigen Verhältnisse in den südlich angrenzenden Feltriner Dolomiten. Vom Rifugio Treviso quert man zuerst eine gute halbe Stunde die ab und zu von Gräben zerschnittenen Waldhänge über dem Valle dei Canali, ehe beim Campigol d'Oltro das eigentliche Bergauf beginnt. Weiterhin ist Nr. 718 maßgebend, wenn wir uns durch den Kartrichter der Forcella d'Oltro nähern. Der Steig ist anfangs leicht verstraucht, aber insgesamt ordentlich und führt im Zickzack zunehmend steil und geröllig bergan. Zwischendrin zweigt rechts der Sentiero del Passo Regàde ab, den wir aber nicht benutzen. Voller Erwartung erreichen wir die Forcella d'Oltro (2094 m), zumal sich hier erstmals der Blick auf die Ostseite öffnet, falls nicht schon von der Konvektion angetriebenes diffuses Gewölk die Hänge heraufgekrochen ist. Die abenteuerlichen Monti del Sole stehen vis-à-vis.

Jenseits der Scharte geht es ein Stück weit steil abwärts, bevor man wieder Richtung Süden eindreht und zu einer langen Hangtraverse ansetzt. Dieser wundervolle Abschnitt wird nach einer Gipfelformation oberhalb auch als »Traversata delle Rocchette« bezeichnet. Der oft nur kleine Pfad windet sich an abschüssigen Gras- und Schrofenhängen entlang, mitunter dicht am Felssockel, ab und zu auch eine Rinne oder Geländeeinbuchtung ausgehend. Währenddessen gewinnt man über mehrere Schultern ganz allmählich wieder an Höhe und gelangt nach einer Weile bis in die Nähe des Passo Regàde (2177 m), über den die gleichnamige Variante wieder einmündet. Inzwischen stechen unterhalb einige bizarre Felsen ins Auge, die scheinbar unvermittelt den grasigen Flanken entwachsen. Bald schlängelt sich unser Pfad mitten zwischen diesen Zacken hindurch abwärts und taucht nach zwei interessanten Durchschlupfen in den Bergwald ein. Erstaunlich angenehme Kehren leiten tiefer, ehe wir bei Bastie auf freies Wiesengelände hinaustreten. Einem breiten Fahrweg nach rechts folgend, steuern wir unser Etappenziel an, das Gasthaus am eher wenig frequentierten Passo Cereda (1361 m). Hier nimmt uns bereits die grimmige Bastion der Cimònegagruppe gefangen, die für den kommenden Tag verheißungsvolle Eindrücke verspricht.

Beim Abstieg zum Passo Cereda begleiten uns Wiesen mit eigenartigen Felsformationen.

Passo Cereda – Rifugio Boz

Aufstieg in die abenteuerliche Cimònega

8.10

Cimònega-Landschaft zwischen Bivacco Feltre und Col dei Bechi

mittel | 13,7 km | 7.30 Std. | 1200 Hm | 840 Hm

Charakter: Lange und zum Teil auch anspruchsvolle Etappe in wilden Berggefilden, meist nur schmale Pfade. Schwierigste Passagen (teilweise gesichert, fast »schwarz«) am Sentiero dell'Intaiàda, dort auch außergewöhnlich anstrengend. Hinter dem Passo del Comedòn zwar nur noch geringe Höhenunterschiede, aber am Troi dei Caserin sehr kleinräumig gegliedert und weiterhin teils ausgesetzt (steile Gras- und Schrofenflanken). Trittsicherheit, Schwindelfreiheit und gute Kondition sehr wichtig, im Bedarfsfall nach zwei Dritteln in der Biwakschachtel einquartieren.

Ausgangspunkt: Albergo Passo Cereda (1361 m)

Endpunkt: Rifugio Boz (1718 m)

Höchster Punkt: Am Südostgrat des Sasso delle Undici (ca. 2100 m), knapp oberhalb des Passo del Comedòn

Einkehr: Zwischendurch keine

Gehzeiten: Passo Cereda – Matiuz 0.50 Std. – Passo del Comedòn 3.40 Std. – Bivacco Feltre-Walter Bodo 0.30 Std. – Col dei Bechi 1.00 Std. – Rifugio Boz 1.30 Std.

Hinter der Pala sind die Dolomiten noch nicht zu Ende – eine Weisheit, die man auf dem »Zweier« in aller Intensität lernen wird. Ebenso mächtig wie geheimnisvoll bäumt sich über dem Passo Cereda die Cimònegagruppe auf, die wir nun erkunden. Als Erstes geht es allerdings mit der Passstraße rund 20 Minuten gen Osten, bis ein kleinerer

Fahrweg rechts zum Weiler Matiuz (1201 m) abzweigt. Ein Stück weiter südlich, wo in einer Kurve ein Bach überschritten wird, schlagen wir unsere Bergroute (Nr. 801) ein und überschreiten gleich einmal eine Wiese (Pra di La), was bei morgendlichem Tau etwas unerquicklich sein kann. Der Pfad ist hier zudem nur schwer erkennbar. Danach geht's in den Wald, wo zwischen Gräben unter Umständen auch noch schmierige Stellen warten. Wir gelangen in ein von großen Blöcken gefülltes, normalerweise ausgetrocknetes Bachbett und steigen in dem Gerinne eine Zeit lang aufwärts. Dann wird es nach links verlassen, um in Latschen- und Strauchgelände schräg weiter an Höhe zu gewinnen. Der Untergrund ist ziemlich geröllreich, doch daran dürfte man sich längst gewöhnt haben. Man nähert sich allmählich den Nordwänden von Sasso Largo und Sasso delle Undici und steigt links über eine Gratschulter hinweg auf die »Banca Intaiàda«, jene Steilrampe, die den senkrechten Nordostabbruch des Sasso delle Undici durchzieht. Einige Sicherungen entschärfen diese ruppige und beschwerliche, teils auch heikle Aufwärtstraverse, die uns schließlich bis auf den Hauptgrat rechts oberhalb des Passo del Comedòn (2067 m) bringt: eine großartige Aussichtskanzel und überdies Eintrittstor in den Nationalpark Belluneser Dolomiten! Scharf rechts dreht der Steig nun in die schrofige Südflanke des Sasso delle Undici ein, wo es mit Blick auf Sass de Mura und Trabanten teils querend, teils durch Schuttrinnen abwärts bis auf den grünen Boden des Pian della Regina geht. Wenig höher empfängt uns das Bivacco Feltre-Walter Bodo (1930 m), eigentlich zwei Biwakschachteln, die insgesamt rund 20 Wanderern Platz bieten.

Wer einen bewirtschafteten Stützpunkt bevorzugt, wird den folgenden Abschnitt zum Rifugio Boz gleich anhängen. Es handelt sich um einen fantastischen Höhenweg, der die Flanken über dem abgrundtiefen Valle dei Canzoi schneidet und so richtig das Flair eines wilden, südalpinen Reliefs vermittelt. In südlicher Richtung verlieren wir wieder ein paar Höhenmeter und kommen an malerischen Gumpen vorbei, die im Spätsommer austrocknen können. Vom Pian del Re umkurvt man einen Gratausläufer des Sass de Mura und erreicht im Gegenanstieg über einen Grashang den Col dei Bechi (1960 m) – wieder so eine atemberaubende Kanzel hoch über dem Valle dei Canzoi. In weiterer Folge erwartet uns die luftige Traverse auf dem Troi dei Caserin, die immer wieder Runsen und vorspringende Rücken auszugehen hat (mitunter Drahtseile) und zuweilen von hohem, wucherndem Gras bedrängt wird. Freilich sorgt die Vegetationsfülle auch für eine bemerkenswerte Blumenvielfalt. Nachdem man insgesamt einen Halbbogen um die Berghänge des Val d'Alvis geschlagen hat, wird der Pass de Mura (1867 m) überstiegen. Auf der anderen Seite lassen wir die Etappe mit dem Abstieg zum heimeligen Rifugio Bruno Boz (1718 m) ausklingen.

Prächtige Feuerlilien

Rifugio Boz – Rifugio Dal Piàz

Die Durchquerung der Vette Feltrine

8.11

Blick vom Kamm der Vette Feltrine ins Primiero und zur Pala

schwierig | km 13 km | 6.30 Std. | 1000 Hm | 720 Hm

Charakter: Lange Etappe in abermals sehr ursprünglichem, rauem und einsamem Gelände. Die Hauptschwierigkeiten treten rund um den Sasso di Scàrnia auf. Während langer Querungen viel kleinräumiges Auf und Ab, das sich beträchtlich summiert. Trittsicherheit, Ausdauer und bei ungenügender Sicht auch gutes Orientierungsvermögen erforderlich.

Ausgangspunkt: Rifugio Bruno Boz (1718 m)

Endpunkt: Rifugio Dal Piàz (1993 m)

Höchster Punkt: Am Kamm des Monte Ramezza (2205 m)

Einkehr: Zwischendurch keine

Gehzeiten: Rifugio Boz – Passo di Finestra 0.40 Std. – Schulter am Sasso di Scàrnia 1.50 Std. – Kamm am Monte Ramezza 1.45 Std. – Passo di Piètena 1.15 Std. – Rifugio Dal Piàz 1.00 Std.

Wie am Vortag folgen wir heute wieder die ganze Zeit dem zuverlässig markierten »801er«. Der Auftakt gestaltet sich recht beschaulich, wenn es vom Rifugio Boz südwärts durch licht bewaldetes Almgelände zum Passo di Finestra (1766 m) hinüber geht. Wir wechseln die Seite, steigen aber nicht gegen das Valle dei Canzoi ab, sondern queren auf Bändern über Abbrüchen entlang und im weiteren Verlauf durch die Südflanke des Monte Zoccarè Alto. Dahinter berühren wir wieder die Hauptkammlinie der Vette Feltrine und gewinnen im Zickzack kräftig an Höhe (teils ausgemeißelte Stufen). Eine Schulter am Nordostgrat des Sasso di Scàrnia markiert die vorläufig höchste Wegstelle (ca. 2100 m) und bietet sich als vorzüglicher Rastplatz an.

Denn das schroffe Gipfelbollwerk zwingt uns nun über steiles, teilweise unangenehmes Geröllterrain wieder nach links in die Flanke hinab. Nachdem der Pfad durch einige Blöcke laviert hat, folgt eine abschüssige Rampe an Überhängen entlang. Auf wieder besser ausgeprägter Spur quert man horizontal um eine Kante, kreuzt einige Rinnen und trifft auf die Abzweigung »Scàrnion«, wo sich Route Nr. 803 talwärts verabschiedet. Wir bleiben freilich hoch in der Flanke. Serpentinen leiten sogar einen Gegenanstieg ein, der durch Krummholz westwärts zu einem Rücken (P. 2040) hinüberzieht und anschließend die Hochmulde der Costa Alpe Ramezza ausgeht. Man gelangt somit auf die Kammhöhe (P. 2205) südwestlich des Monte Ramezza und kann endlich mal wieder einen Blick auf die Nordseite erhaschen.

Nach dem kurzen Intermezzo über dem Val Noana wendet sich unsere Höhenroute jedoch alsbald wieder in die südliche Flanke, wo als Nächstes die urweltliche, sagenumwobene Piazza del Diavolo durchschritten wird. Der von gewaltigen Blöcken übersäte Hang hat auch einem ausgedehnten Naturreservat den Namen gegeben – hier ist es streng verboten, die bezeichneten Wege zu verlassen. Die Forcella di Valon (2061 m, Übergang ins Val Noana) bleibt anschließend knapp oberhalb, wenn wir zum Bogen durch die Busa di Piètena ansetzen. Die »Buse« bezeichnen übrigens jene charakteristischen, von eiszeitlichen Gletschern ausgeformten Hochmulden, die den letzten Teil der Etappe prägen. Inzwischen kommt man auch flotter voran, weil das Gelände nicht mehr solche Hindernisse wie zuvor birgt. Eine vom Hauptkamm südostwärts abstreichende Rippe wird nahe dem Passo di Piètena (2094 m) ohne Schwierigkeiten überstiegen. Dann geht es durch die größere, begrünte Busa delle Vette, wo unser Weg – augenscheinlich eine alte Kriegstrasse – in Südrichtung eindreht und nochmals Höhe einbüßt. Man orientiert sich auf die rechte Seite und erreicht den Passo Le Vette Grandi (1994 m) mit dem Rifugio Dal Piàz gleich dahinter. Fazit: ein phänomenaler Höhenweg am Südrand der Alpen!

Rückblick auf den Sas de Mura, Hauptgipfel der Cimònega

Rifugio Dal Piàz – Passo Croce d'Aune

Gemütlicher Ausklang Richtung Feltre

8.12

Der Kamm der Vette Feltrine markiert den südlichen Abschluss der Dolomiten.

leicht | km 5,5 km | 1.40 Std. | ↑ 0 Hm | ↓ 980 Hm

Charakter: Nur noch ein Bergab über die breite Militärstraße sowie deren Abkürzungen, im unteren Teil mehrheitlich Waldwege.

Ausgangspunkt: Rifugio Dal Piàz (1993 m)

Endpunkt: Passo Croce d'Aune (1015 m)

Höchster Punkt: Rifugio Dal Piàz

Einkehr: Zwischendurch keine

Gehzeiten: Rifugio Dal Piàz – Colle dei Cavai 0.50 Std. – Passo Croce d'Aune 0.50 Std.

Nun liegt die beachtliche Strecke des Dolomiten-Höhenwegs Nr. 2, der an der Plose begonnen hat, fast hinter uns. Nur der finale Abstieg steht noch aus, keine zwei Stunden bis zum Passo Croce d'Aune, wo uns der Bus nach Feltre aufnehmen sollte. Eines vorweg: Der Straßenhatscher dorthin – rund 13 Kilometer – lohnt sich kaum und wird wohl nur von absoluten Puristen oder Pechvögeln, die keinen Bus erwischen, begangen. Sonntags verkehrt dieser nicht, und auch sonst gibt es normalerweise nur morgens und am frühen Nachmittag jeweils einen Kurs, im Hochsommer eventuell auch noch ein, zwei zusätzliche. Man sollte sich diesbezüglich vorher informieren.

Vom Rifugio Dal Piàz orientieren wir uns mit Nr. 801 südwärts und kürzen die weit ausholenden Schleifen der ehemaligen Militärstraße wo immer möglich ab. Am Geländerücken des Colle dei Cavai wenden wir

Extra: Monte Pavione (2335 m)

Wer den Tag noch besser füllen möchte, sollte eine Besteigung des Monte Pavione oder seines östlichen Nebengipfels erwägen. In herrlicher Kammwanderung überschreitet man von der Hütte aus zuerst die Vette Grandi (2130 m), gelangt aus der nächsten Senke über den Südgrat auf den Col di Luna (2295 m) und dreht dort westwärts ab. Nach einem weiteren Kammsattel steht man auf dem Eckpfeiler der Vette Feltrine, der schon aus der Ferne (etwa aus der Pala) als markante Graspyramide ins Auge sticht. Hin und zurück sollten dafür rund 2.45 Std. veranschlagt werden.

uns rechts ab, dringen bald in den Wald ein und vollziehen an dem Rücken eine markante Linksbiegung. Weiter unten treffen wir wieder auf das Sträßchen und laufen nach einigen Kehren in der Feriensiedlung ein. Man kommt genau an der Scheitelhöhe des Passo Croce d'Aune (1015 m), wo auch der Bus hält, heraus.

Morgenstimmung beim Rifugio Dal Piàz

Register

Entdecke Südtirol
sentres.com
Works with
iPhone
ANDROID
Touren finden und mitnehmen. Dein digitaler
Begleiter für Südtirol. Mit topografischer
Südtirol Karte – online und offline!